Bildnachweis:
Coverbild und Bild Seite 29: Bjrn Wylezich - Fotolia
Alle übrigen Fotos Peter Barci

Impressum

ISBN: 978-3-7088-0673-0

Autorin: Margit Asböck
Lektorat: Marion Mauthe
Covergestaltung: Oskar Kubinecz
Grafische Gestaltung: Emanuel Mauthe/Extraplan, Wien

Druck: Theiss GmbH, A-9431 St. Stefan

www.kneippverlag.com
www.facebook.com/KneippVerlagWien

1. Auflage, März 2016

Margit Asböck

Einfach Brot backen

mit dem Combi-Dampfgarer
und dem Backofen mit Feuchtigkeitszugabe

kneipp verlag
WIEN

Inhalt

~: Einleitung

Warum selber Brot backen?

Ich bin mir nicht sicher, was genau mich antreibt, selbst Brot zu backen. Ist es die Sehnsucht nach diesem fantastischen Geruch, der beim Brotbacken entsteht? Das Kneten von einem elastischen Teig, das mich in eine meditative Stimmung versetzt? Oder einfach die Möglichkeit, mich nach Lust und Laune mit den verschiedensten Zutaten in kreativer Freiheit auszutoben?

Wahrscheinlich ist es eine Mischung aus allem. Es ist ausgesprochen spannend, ein Grundnahrungsmittel selbst herzustellen. Die Zutaten sind einfach zu erwerben, können aber immer vorrätig sein, denn Brot besteht nun einmal aus Mehl, Wasser, Triebmittel – wie Hefe oder Sauerteig – und Salz. Damit kann schon ein durchaus geschmackvoller Laib Brot hergestellt werden.

Das Teigkneten selbst vergleiche ich gern mit dem Arbeiten mit Ton, es kommen kreative Prozesse in Gang. Brotteig ist formbar und kann von der Brezel bis zur Blume gestaltet werden. Und nicht nur Kinder lieben es, ihre eigenen Brotformen zu erfinden. Darum habe ich auch ein kleines Kapitel dem Backen mit Kindern gewidmet. Ich backe gerne mit meinen Enkelkindern Brot, denn sie sind unermüdlich beim Kneten, Rollen, Formen. Besondere Freude macht es ihnen auch, Körner und Samen zum Bestreuen auszuwählen, um ihre eigenen Kreationen hervorzubringen.

Und nicht nur das Formen bedeutet Kreativität, sondern auch die Zutaten, die wir verwenden. Die Kräuter, die Gewürze, die Trockenfrüchte, all das gibt dem Brot eine ganz spezielle Note. Es ist gewissermaßen ein Nicht-angewiesen-Sein auf die Lebensmittelindustrie, wir wissen ganz genau, was in unserem Brot drin ist. Ob wir das Getreide selbst gemahlen haben oder schon gemahlen kaufen, die Kräuter aus dem Garten sind – wir selbst bestimmen, was in unser Brot hineinkommt. Alleine durch den Geruch des frischen Brotes werden wir für unser Schaffen schon belohnt.

Ausflug in die Geschichte des Brotes

Getreide zwischen Steinen mahlen, mit Wasser vermengen, zu Fladen verarbeiten und dann trocknen, anschließend am Feuer auf einem heißen Stein backen – das waren die Anfänge des Brotbackens. Ägypten gilt dabei als die Wiege unseres Brotes, denn bereits damals gab es meist eine lockere Krume und außen herum eine schöne Kruste. Es wurde also schon bewusst eine Gärung mithilfe von Hefe und Sauerteig herbeigeführt. Entdeckt wurde dies wahrscheinlich beim Brauen von Bier. Brauerei und Bäckerei lagen immer nahe beieinander oder waren sogar im selben Haus untergebracht.

Das alte Rom hatte für jede Gesellschaftsschicht ein eigenes Brot. Hartes, schweres Brot für die Armen, um lange satt zu halten; weißes und feines Brot für die Reichen. Deshalb stammt der Ausspruch »Brot und Spiele!« (gib dem Volk zu essen und unterhalte es) auch aus dem alten Rom!

Auf dem Bauernhof meiner Großeltern stand ein Backofenhaus neben dem Gebäude selbst, in dem einmal im Monat gebacken wurde: In einem großen Trog wurde der Teig angerührt, natürlich dann von Hand geknetet und immer wieder ein Teil als Sauerteig zurückbehalten.

Den Roggen und den Weizen haben die Großeltern selbst angebaut, geerntet und gedroschen. Dabei wurde bevorzugt Roggen angebaut, denn dieser gedeiht im doch oft recht kalten Salzburger Land einfach besser. Das Mahlen übernahm ein Müller. Im alten »Troadkasten«, dem Aufbewahrungsort des Getreides, haben wir als Kinder gespielt, später wurde er zum Gartenhäuschen umgebaut.

Backen heute

Heute stehen uns viele Hilfsmittel zur Verfügung, sei es eine Küchenmaschine, die uns einen Teil des Teigknetens abnimmt, oder Backöfen und Kombinationen von Dampfgarer mit Backofenfunktion, die perfektes Klima für wirklich gutes Brot schaffen. Denn eines ist ganz wichtig beim Brotbacken: Eine Erhöhung der Luftfeuchtigkeit im Garraum des Backofens perfektioniert das Backergebnis und bäckt Brot mit knuspriger Kruste und lockerer Krume.

Die Rezepte in diesem Buch sind auf Miele-Backöfen mit Klimagaren getestet, sowie auf Miele-Dampfgarer mit Backofenfunktion. Bei beiden Geräten lässt sich die Feuchtigkeit entweder durch Dampfstöße oder durch die Eingabe von prozentueller Feuchtigkeit regeln.

Backöfen mit Klimagaren

Klimagaren steht bei Miele-Backöfen als eigene Betriebsart. Wird die Betriebsart »Klimagaren« angewählt, können Sie zwischen vier verschiedenen Dampfstößen wählen: Dampfstoß automatisch, einer, zwei oder drei Dampfstöße manuell ausgelöst oder die Dampfstöße können bei der neuesten Generation auch schon vorprogrammiert werden. Je nach Wahl der Anzahl an Dampfstößen verlangt der Backofen nach einer bestimmten Menge Wasser. Das Wasser wird mithilfe eines Ansaugrohres aufgenommen. Zum Beispiel werden bei der Anwahl von zwei Dampfstößen 200 Milliliter Wasser verlangt. Es wird ein Glas Wasser unter das Einfüllröhrchen des Backofens gehalten und dann angesaugt.

So können für jedes Brot ganz individuell Feuchtigkeit zugeführt und somit die Backvorgänge perfektioniert werden. Brot sollte in den ersten Minuten des Backens dem Dampf ausgesetzt sein, dann geht es besser auf und erhält eine glänzende und knusprige Kruste. Das Innere bleibt locker.

Dampfgarer mit Backofenfunktion

Auch diese kombinierten Geräte eignen sich ausgezeichnet für das Brotbacken.

Wird die Betriebsart »Combigaren« angewählt, ist die Einstellung von drei Parametern am Gerät notwendig.

1. Temperatur:
30 °C bis 225 °C sind einstellbar

2. Feuchte:
Die Feuchte kann von null bis 100 Prozent eingestellt werden

3. Garzeit:
Eine Minute bis zwölf Stunden sind möglich oder mithilfe eines Kerntemperaturfühlers kann auch die Kerntemperatur von 30 °C bis 99 °C eingestellt werden.

Bis zu sechs Garschritte können in einem Back- oder Bratvorgang kombiniert werden. Zu Beginn können hohe Temperatur und hohe Feuchtigkeit eingestellt, dann Temperatur und Feuchtigkeit gesenkt und zum Ausbacken eventuell die Feuchtigkeit komplett weggelassen werden. Unterschiedliche Backwaren erfordern unterschiedliche Einstellungen.

Was tun, wenn man kein Gerät mit Feuchtezugabe hat?

Eine Möglichkeit ist, immer ein hitzebeständiges Gefäß mit Wasser auf den Backofenboden zu stellen. Mit einer Sprühflasche kann ebenso immer wieder etwas Wasser in den Backofeninnenraum gebracht werden. Es kann auch eine Tasse Wasser in den Backofen geschüttet werden, sobald aufgeheizt ist. Das würde ich jedoch nicht empfehlen – es besteht Verbrennungsgefahr, und der Backofeninnenraum leidet!

Brotbacksteine sind eine große Hilfe. Der Backstein besteht aus glasiertem Schamottstein, der auf dem Rost zuerst 45 Minuten auf hoher Temperatur vorgeheizt wird. Dann wird das gut befeuchtete Brot (oder die Brote) mit Hilfe eine Holzspatel darauf gesetzt und die Temperatur reduziert. Brotbacksteine eignen sich besonders gut zum Backen von Pizza, Flammkuchen oder Fladenbroten. Er kann in allen Backöfen, egal welcher Marke, eingesetzt werden.

Küchenmaschinen

Ich habe bei allen Rezepten eine Knetzeit in der Küchenmaschine angegeben. Selbstverständlich kann auch ein Handrührgerät mit Knethaken verwendet werden, allerdings sind diese den schweren Teigen oft nicht gewachsen und geben schneller den Geist auf. Und natürlich kann mit den Händen geknetet werden, was aber einer gewissen Übung bedarf und anstrengend ist.

Triebmittel

Germ (Hefe) kann sowohl frisch als auch als Trockengerm (Trockenhefe) verwendet werden. Das Praktische daran ist, dass man ihn gut auf Vorrat halten kann. Meist wird Trockengerm in Sieben-Gramm-Säckchen abgepackt angeboten.

Sauerteig wird für Brote mit viel Roggenanteil benötigt. Ich verwende gerne Sauerteig in Pulverform, den ich vom Backprofi Christian Ofner beziehe. Ebenso wie das Malz, das bei den Broten für eine besonders knusprige Oberfläche sorgt.

Backpulver wird zwar meist nur für Kuchen verwendet, kann jedoch auch für pikantes Gebäck verwendet werden. Der Vorteil liegt darin, dass keine Ruhezeiten für den Teig nötig sind.

Mehl

Bei der Herstellung von Mehl werden je nach Mehlsorte das ganze Korn oder nur Teile davon vermahlen.

Die Mehltype gibt den Mineralstoffgehalt in Milligramm pro 100 Gramm Mehl an. Ich habe festgestellt, dass unterschiedliche Länder unterschiedliche Mahlgrade angeben. Also nicht verzweifeln, wenn Sie ein schönes Rezept in Händen halten und die Mehlsorte nicht finden können. Es gibt immer genug Alternativen, und mit der Zeit verwenden Sie sicherlich Ihre Lieblingsmehle. Generell gilt, je höher die Typenzahl ist, umso mehr Mineralstoffe, Vitamine und Ballaststoffe sind im Mehl enthalten.

Ich arbeite sehr gerne mit Vollkornmehl, das ich selber mahle. Beim Vollkornmehl im Handel wird keine Typen-Zahl angegeben.

Backformen und Bleche

Formen aus Keramik, Metall, Glas und temperaturbeständigem Kunststoff sind für alle Backofen-Betriebsarten geeignet. Dunkle Backformen leiten die Hitze besser als helle. Kunststoff-Formen sind nicht geeignet für das Combigaren, da diese nicht heißdampfbeständig sind. Kastenformen werden leicht gefettet und eventuell mit etwas Mehl ausgestäubt. Bei Miele-Perfect-Clean-Backblechen ist kein Einfetten erforderlich.

Besonders gut eignen sich Perfect-Clean-Lochbleche. Ich habe sie bei vielen Gebäckarten erwähnt. Durch die vielen kleinen Löcher verteilt sich die Hitze besonders gut.

Miele Universalbräter eignen sich perfekt für Buchteln, passen allerdings nur in Miele Backöfen und Dampfgarer mit Backofenfunktion.

Das Brot gehen lassen

Der Brotteig muss immer ausreichend aufgehen, das heißt, er muss sein Volumen nahezu verdoppeln. Der Teig kann bei Zimmertemperatur gehen, im Kühlschrank für längere Zeit, z. B. über Nacht oder sogar für 24 Stunden (auch dazu habe ich einige Rezepte im Buch).

Wenn es schnell gehen soll, eignet sich der Dampfgarer besonders gut. Bei 40 °C hat der Teig genau das richtige Klima zum Aufgehen und ist in 20 bis 25 Minuten perfekt zum Weiterverarbeiten geeignet.

Zu den Rezepten

Es kann sein, dass Sie ab und zu mehr oder weniger Flüssigkeit benötigen. Die Mehle sind oft sehr unterschiedlich in der Flüssigkeitsaufnahme. Gerade Vollkornteige erscheinen anfangs oft zu weich und sind erst nach dem Gehen gut weiterzuverarbeiten. Das volle Korn nimmt langsamer die Flüssigkeit auf.

Meine Großmutter sagte immer: »Jeder Backtag ist anders« – das eine oder andere Mal geht das Brot weniger gut auf, bäckt nicht so gut durch und mundet somit auch nicht so gut wie die anderen Male. Auch kann es vorkommen, dass man bei verschiedenen Mondkonstellationen weniger Triebmittel benötigt, oder dass das Brot schneller schimmelt, wenn der Holunder blüht. Diese Liste lässt sich ad libidum fortsetzen! Daher gilt, immer zu prüfen – sei es die

Teigkonsistenz oder das Volumen des Teiges, auch die Backzeiten können etwas variieren. Allein die Geschmäcker bezüglich Bräune und Kruste sind sehr unterschiedlich, und somit ist es ratsam, den individuellen, perfekten Geschmack selbst herauszufinden.

Das Schöne am Brot ist, dass es in jeder Kultur die unterschiedlichsten Varianten, Geschmäcker und Zubereitungsarten gibt. Brot ist nach wie vor Grundnahrungsmittel Nummer eins, ausgezeichnet durch Einfachheit: Gutes Brot ist ein Stück Echtheit und zugleich auch Luxus.

Ein schönes Essen startet meist mit Brot, Aufstrich oder Salz und bestem Olivenöl. Und auch das Ende eines köstlichen Essens wird von Brot gekenntzeichnet, wenn es dazu verwendet wird, um die letzten köstlichen Saucenreste eines Mahls aufzutunken.

Ich habe ein Kapitel den Brotresten gewidmet. Altbackenes Brot ist der Grundstoff für viele herrliche Speisen wie Knödel, Suppen, Salate und Mehlspeisen.

Bei Christian Ofner, dem schon erwähnten Backprofi, habe ich besonders viel über das Brotbacken gelernt. In seinen Brotbackkursen gibt er sein Wissen weiter, und in seinen Büchern finden sich viele herrliche Rezepte über Brot, Gebäck, sowie Feingebäck.

Viel Spaß und gutes Gelingen!

Unser tägliches Brot

Kastenweißbrot

ca. 15 Scheiben

ZUTATEN

380 g Weizenmehl
1 Pkg. Trockengerm (Trockenhefe)
200 ml Milch, handwarm
7 g Salz
7 g Malz
40 g Butter, zimmerwarm
etwas Butter und Mehl zum Ausfetten und Bemehlen der Kastenform

ZUBEREITUNG

1. Alle Zutaten in die Rührschüssel der Küchenmaschine geben und auf geringer Stufe 8 Minuten kneten. Dann den Teig mit den Händen zu einer Kugel formen, zurück in die Schüssel legen und mit einem Geschirrtuch abdecken. 1 Stunde bei Zimmertemperatur gehen lassen

2. Eine Kastenform mit 25 cm Länge dünn mit Butter ausfetten und mit Mehl bestreuen. Etwas Mehl auf die Arbeitsfläche geben und den Teig mit wenig Druck kurz durchkneten und in eine längliche Form bringen. Mit dem Schluss nach unten in die bemehlte Kastenform einlegen und mit reichlich Wasser besprühen. Abgedeckt weitere 30 Minuten gehen lassen, bis der Teig knapp das doppelte Volumen hat.

3. Kurz vor dem Backen den Teigling noch einmal mit Wasser besprühen und mit einem scharfen Messer ca. 1 cm tief der Länge nach einschneiden.

4. Zum Backen die Kastenform auf den Rost stellen.

5. Das fertig gebackene Brot aus der Form stürzen und auf einem Kuchengitter abkühlen lassen.

Einstellung Backofen mit Klimagaren
Klimagaren – 2 Dampfstöße manuell – 220 °C (vorheizen)
Dampfstoß 1 bei Einschub des Brotes auslösen
Dampfstoß 2 nach 8 Minuten
Nach 10 Minuten die Temperatur auf 190 °C senken
Dauer: 40–45 Minuten

Einstellung Dampfgarer mit Backofen
Combigaren Heißluft Plus
Schritt 1: 220 °C – 100 % Feuchte – 10 Minuten (vorheizen)
Schritt 2: 220 °C – 100 % Feuchte – 10 Minuten
Schritt 3: 190 °C – 30 % Feuchte – 30 Minuten

Karottenbrot

6–7 kleine Brote

ZUTATEN

700 g Roggenmehl
300 g Weizenvollmehl
20 g Salz
25 g Sauerteig
10 g Malz
20 g Speiseöl
5 g Brotgewürz
14 g Trockengerm (Trockenhefe)
800 g Wasser
250 g Karotten, geraspelt

ZUBEREITUNG

1. Aus allen Zutaten in der Küchenmaschine 8 Minuten einen weichen Teig kneten. Den Teig zugedeckt 30 Minuten ruhen lassen.

2. Danach Brote zu je 300 g auswiegen, rundformen, zu Wecken schlagen und in kleine Kastenformen geben.

3. Vor dem Backen die Teiglinge nochmals gut gehen lassen und mit einem scharfen Messer einschneiden.

Einstellung Backofen mit Klimagaren
Klimagaren – 2 Dampfstöße manuell – 240 °C (vorheizen)
Beim Einschieben der Brote auf 180 °C reduzieren
Dampfstoß 1 beim Einschieben der Brote auslösen
Dampfstoß 2 nach 10 Minuten
Dauer: 30–35 Minuten.

Einstellung Dampfgarer mit Backofen
Combigaren Heißluft plus
Schritt 1: 220 °C – 100 % Feuchte – 10 Minuten (vorheizen)
Schritt 2: 190 °C – 100 % Feuchte – 8 Minuten
Schritt 3. 190 °C – 30 % Feuchte – 22 Minuten

1 große Kastenform

Mariannes Dinkelbrot

ZUTATEN

520 g Dinkelvollmehl
140 g Buchweizen
1 EL Salz
3 EL Obstessig
1 Pkg. Trockengerm (Trockenhefe)
660 ml Wasser, warm
70 g Mandeln
70 g Haselnüsse
etwas Butter und Mehl zum Ausfetten und Bemehlen der Kastenform

ZUBEREITUNG

1. Eine Kastenform ausfetten und bemehlen.
2. Alle Zutaten rasch zu einem Teig vermengen und zum Backen in eine Kastenform füllen.

Einstellung Backofen mit Klimagaren
Klimagaren – 2 Dampfstöße manuell – 200 °C
Dampfstoß 1 bei Einschub des Brotes auslösen
Dampfstoß 2 nach 8 Minuten
Dauer: 50 Minuten – 60 Minuten

Einstellung Dampfgarer mit Backofen
Combigaren Heißluft Plus
Schritt 1: 220 °C – 100 % Feuchte – 10 Minuten
Schritt 2: 190 °C – 60 % Feuchte – 50 Minuten

Weißbrot

2
Wecken

ZUTATEN

1 kg Weizenmehl, universal oder Pizzamehl
20 g Butter
20 g Salz
20 g Zucker
2 Pkg. Trockengerm (Trockenhefe)
600 ml Wasser

ZUBEREITUNG

1. Alle Zutaten in die Rührschüssel der Küchenmaschine geben und auf geringer Stufe 8 Minuten kneten. Dann den Teig mit den Händen zu einer Kugel formen, zurück in die Schüssel legen und mit einem Geschirrtuch abdecken. 1 Stunde bei Zimmertemperatur gehen lassen.

2. Den Teig noch einmal kurz durchkneten und in zwei gleich große Teile teilen. Aus jedem Teigstück einen Wecken formen und mit dem Schluss nach oben, wieder mit dem Geschirrtuch zugedeckt, ca. 30 Minuten gehen lassen.

3. Teigling umdrehen und auf ein Lochblech legen. Vor dem Backen mit einem gezackten Messer einschneiden und mit Wasser besprühen.

Einstellung Backofen mit Klimagaren
Klimagaren – 2 Dampfstöße manuell 210 °C – vorheizen
Dampfstoß 1 bei Einschub des Brotes auslösen
Dampfstoß 2 nach 8 Minuten
Dauer: 35–40 Minuten

Einstellung Dampfgarer mit Backofen
Combigaren Heißluft Plus
Schritt 1: 220 °C – 100 % Feuchte – 10 Minuten (vorheizen)
Schritt 2: 220 °C – 100 % Feuchte – 10 Minuten
Schritt 3: 190 °C – 60 % Feuchte – 25–30 Minuten

Ciabatte

5–6 Brote

ZUTATEN

1 kg Weizenmehl, Type 480
20 g Salz
25 g Malz
100 g Weizengrieß
2 Pkg. Trockengerm (Trockenhefe)
80 g Olivenöl
650 g Wasser
Olivenöl zum Bestreichen

ZUBEREITUNG

1. Alle Zutaten in der Küchenmaschine insgesamt ca. 10 Minuten lang zu einem weichen Teig kneten. Vorerst auf kleinster Stufe, dann etwas schneller. Danach den Teig für etwa 2 Stunden zugedeckt ruhen lassen. Man kann den Teig auch bis zu 18 Stunden im Kühlschrank gehen lassen, dann aber nur 1 Pkg. Trockengerm (Trockenhefe) verwenden.

2. Nach der Teigruhe die Ciabatte zu je 300 g auswiegen, vorsichtig jeweils zu einem länglichen Brot formen und auf ein Backblech geben.

3. Noch einmal 15 Minuten ruhen lassen und vor dem Backen mit Olivenöl bestreichen.

Einstellung Backofen mit Klimagaren
Klimagaren –2 Dampfstöße manuell – 220 °C (vorheizen)
Dampfstoß 1 bei Einschub der Brote auslösen
Dampfstoß 2 nach 8 Minuten
Nach 10 Minuten die Temperatur auf 200 °C reduzieren
Dauer: 25 Minuten

Einstellung Dampfgarer mit Backofen
Combigaren Heißluft plus
Schritt 1: Temperatur 210 °C – 100 % Feuchte – 10 Minuten (vorheizen)
Schritt 2: Temperatur 210 °C – 100 % Feuchte – 25 Minuten

Kräuterzopf

1 Zopf

ZUTATEN

250 g Vollmehl
250 g Weizenmehl, glatt
1 Pkg. Trockengerm (Trockenhefe)
10 g Salz
10 g Malz
2 EL Leinöl
150 ml Wasser
150 ml Milch
2 EL Kräuteröl
3 EL gemischte Kräuter, fein gehackt

ZUBEREITUNG

1. Alle Zutaten in eine Rührschüssel geben und ca. 8 Minuten in der Küchenmaschine kneten, bis ein glatter, elastischer Teig entsteht. Den Teig bei Zimmertemperatur 1 Stunde gehen lassen.

2. Den Teig auf ein bemehltes Brett legen und 1 Minute mit der Hand gut durchkneten. Den Teig in drei gleich große Stücke teilen. 30 cm lange Rollen formen und diese nebeneinanderlegen, an einem Ende zusammendrücken und zum Zopf flechten.

3. Den Zopf auf ein Lochblech legen und vor dem Backen nochmals ca. 30 Minuten zugedeckt gehen lassen.

Einstellung Backofen mit Klimagaren
Temperatur: 220 °C – 2 Dampfstöße manuell (vorheizen)
Dampfstoß 1 bei Einschub des Brotes
Dampfstoß 2 nach 8 Minuten
Nach 10 Minuten die Temperatur auf 190 ° reduzieren
Dauer: 35–40 Minuten

Einstellung Dampfgarer mit Backofen
Combigaren Heißluft plus
Schritt 1: Temperatur 210 °C – 100 % Feuchte – Dauer 10 Minuten (vorheizen)
Schritt 2: Temperatur 190 °C – 80 % Feuchte – Dauer 35–40 Minuten

1
Wecken

Malzbierbrot

ZUTATEN

350 g Weizenvollmehl
150 g Roggenmehl
1 Pkg. Trockengerm (Trockenhefe)
10 g Salz
300 ml Malzbier
1 TL Honig
50 ml Kürbiskernöl

ZUBEREITUNG

1. Alle Zutaten zusammenmischen und mit der Küchenmaschine zuerst einige Minuten auf kleiner Stufe kneten, dann 4 Minuten etwas schneller, bis der Teig schön glatt ist. Den Teig ca. 1 Stunde an einem warmen Ort gehen lassen.

2. Den Teig auf einer bemehlten Arbeitsfläche mit den Händen gut durchkneten, zu einem Wecken formen, auf ein gelochtes Backblech legen und vor dem Backen abgedeckt noch einmal 20 Minuten gehen lassen.

Einstellung Backofen mit Klimagaren
Klimagaren – 2 Dampfstöße – manuell – 250 °C (vorheizen)
Dampfstoß 1 beim Einschieben des Brotes auslösen
Dampfstoß 2 nach 8 Minuten
Nach 8 Minuten die Temperatur auf 190 °C senken
Gesamtdauer: 38 Minuten

Einstellung Dampfgarer mit Backofen
Combigaren Heißluft plus
Schritt 1: 220 °C – 100 % Feuchte –10 Minuten (vorheizen)
Schritt 2: 220 °C – 100 % Feuchte – 8 Minuten
Schritt 3. 190 °C – 30 % Feuchte – 30 Minuten

Mischbrot

1 Laib

ZUTATEN

250 g Weizenmehl
300 g Roggenmehl
1 Pkg. Trockengerm (Trockenhefe)
10 g Salz
10 g Malz
10 g Sauerteig
400 ml Wasser

ZUBEREITUNG

1. Alle Zutaten in die Rührschüssel der Küchenmaschine geben und auf niedriger Stufe einen geschmeidigen Teig kneten. Den Teig aus der Schüssel nehmen, kurz durchkneten, eine Kugel formen und wieder in die Schüssel geben. Schüssel mit einem Geschirrtuch abdecken und bei Zimmertemperatur ca. 1 Stunde gehen lassen.

2. Den Teig noch einmal mit den Händen gut durchkneten, einen Brotlaib formen und auf ein gelochtes Backblech legen. Wieder mit dem Geschirrtuch abdecken und weitere 20–30 Minuten gehen lassen.

3. Vor dem Backen den Teigling noch einmal gut mit Wasser besprühen.

4. Das Brot ist fertig, wenn es beim Klopfen an die Unterseite hohl klingt.

Einstellung Backofen mit Klimagaren

Klimagaren – 2 Dampfstöße – manuell – 250 °C (vorheizen)
Dampfstoß 1 beim Einschieben des Brotes auslösen
Dampfstoß 2 nach 8 Minuten
Nach 8 Minuten die Temperatur auf 190 °C senken
Gesamtdauer: 38 Minuten

Einstellung Dampfgarer mit Backofen

Combigaren Heißluft plus
Schritt 1: 220 °C – 100 % Feuchte – 10 Minuten (vorheizen)
Schritt 2: 220 °C – 100 % Feuchte – 8 Minuten
Schritt 3. 190 °C – 30 % Feuchte – 30 Minuten

Landbrot

ZUTATEN

30 g Germ (Hefe), frisch
50 g Buttermilch
ca. 250 ml Wasser
300 g Weizenmehl
100 g Roggenmehl
7 g Salz
1 EL Balsamicoessig, dunkel
1 EL Brotgewürz

ZUBEREITUNG

1. Frische Germ (Hefe) mit der Buttermilch und dem Wasser in der Rührschüssel der Küchenmaschine gut vermengen und 15 Minuten ruhen lassen.

2. Danach das Mehl, das Salz und den Essig zufügen und in der Küchenmaschine in ca. 8 Minuten zu einem geschmeidigen Teig verkneten. Den Teig mit einem Geschirrtuch zudecken und an einem warmen Ort ca. 1 Stunde gehen lassen.

3. Nach der Ruhezeit den Teig noch einmal mit den Händen kurz durchkneten, zu einem Laib formen und auf ein Lochblech legen. Zudecken und nochmals 20 Minuten gehen lassen.

4. Den Teig mit Wasser bestreichen. Die Oberseite mit einem scharfen Messer kreuzweise etwa 2 cm tief einschneiden und mit etwas Mehl bestäuben. Das Backblech in den vorgeheizten Backofen schieben.

Einstellung Backofen mit Klimagaren

Klimagaren – 2 Dampfstöße – manuell – 250 °C (vorheizen)
Dampfstoß 1 beim Einschieben des Brotes auslösen
Dampfstoß 2 nach 8 Minuten
Nach 8 Minuten die Temperatur auf 190 °C senken
Gesamtdauer: 38 Minuten

Einstellung Dampfgarer mit Backofen

Combigaren Heißluft plus
Schritt 1: 220 °C – 100 % Feuchte – 10 Minuten (vorheizen)
Schritt 2: 220 °C – 100 % Feuchte – 8 Minuten
Schritt 3. 190 °C – 30 % Feuchte – 30 Minuten

Wurzelbrote

3 Brote

ZUTATEN

150 g Roggenmehl
350 g Weizenmehl
10 g Salz
1 Pkg. Trockengerm (Trockenhefe)
2 EL Apfelessig
2 TL Honig
330 ml Wasser
Mehl zum Bestäuben

ZUBEREITUNG

1. Für den Teig alle Zutaten in eine Rührschüssel geben und vermengen. Mit der Küchenmaschine zuerst auf niedrigster Stufe ca. 2 Minuten kneten, dann 5 Minuten etwas schneller, bis ein glatter, geschmeidiger Teig entsteht. Den Teig mit etwas Mehl bestäuben und zugedeckt so lange an einem warmen Ort ca. 45 Minuten gehen lassen, bis er sich sichtbar vergrößert hat.

2. Den gegangenen Teig leicht mit Mehl bestäuben, aus der Schüssel nehmen und auf einer bemehlten Arbeitsfläche nochmals mit den Händen durchkneten. Den Teig in 3 gleich große Teile teilen und jeden Teil zu einer Stange in der Länge von ca. 30 cm formen. Diese Stangen 2–3 Mal um sich selbst drehen, sodass eine wurzelförmige unregelmäßige Stange entsteht.

3. Vor dem Backen die Teiglinge auf das gelochte Backblech legen, kräftig mit Mehl bestäuben und zugedeckt nochmals 20 Minuten gehen lassen.

Einstellung Backofen mit Klimagaren
Klimagaren – 2 Dampfstöße – manuell – 230 °C (vorheizen)
Dampfstoß 1 beim Einschieben des Brotes auslösen
Dampfstoß 2 nach 8 Minuten
Nach 8 Minuten die Temperatur auf 200 °C senken
Gesamtdauer: 25–30 Minuten

Einstellung Dampfgarer mit Backofen
Combigaren Heißluft plus
Schritt 1: 210 °C – 100 % Feuchte – 10 Minuten (vorheizen)
Schritt 2: 210 °C – 100 % Feuchte – 25–30 Minuten

2 Wecken

Zitronenbrot

ZUTATEN

500 g Pizzamehl oder Weizenmehl, glatt
300 g Wasser, lauwarm
20 g Olivenöl
7 g Trockengerm (Trockenhefe)
10 g Malz
abgeriebene Schale von 1 Zitrone
7 g Salz
Mehl zum Bestäuben

ZUBEREITUNG

1. In einer Küchenmaschine aus Mehl, Wasser, Olivenöl, Germ (Hefe), Salz und Abrieb der Zitrone einen geschmeidigen Teig zubereiten. Diesen abgedeckt an einem warmen Platz bis zum doppelten Volumen gehen lassen.

2. Den Teig noch einmal gut zusammenkneten, damit die Luft aus dem Teig geht, zwei längliche Brote formen und auf ein Lochblech legen.

3. Vor dem Backen die Teiglinge mit einem scharfen Messer mehrmals einschneiden, mit etwas Mehl bestäuben und nochmals ca. 15 Minuten gehen lassen.

Einstellung Backofen mit Klimagaren
Klimagaren – 2 Dampfstöße – manuell – 230 °C (vorheizen)
Dampfstoß 1 beim Einschieben des Brotes auslösen
Dampfstoß 2 nach 8 Minuten
Nach 8 Minuten die Temperatur auf 190 °C senken
Gesamtdauer: 35–40 Minuten

Einstellung Dampfgarer mit Backofen
Combigaren Heißluft plus
Schritt 1: 210 °C – 100 % Feuchte – 10 Minuten (vorheizen)
Schritt 2: 210 °C – 100 % Feuchte – 35–40 Minuten

5–6 Brote

Walnussciabatta

ZUTATEN

1 kg Weizenmehl, Type 480
20 g Salz
25 g Malz
100 g Weizengrieß
14 g Trockengerm (Trockenhefe)
80 g Olivenöl
650 g Wasser
300 g Walnüsse, grob zerkleinert

ZUBEREITUNG

1. Alle Zutaten außer den Walnüssen in der Küchenmaschine auf niedriger Stufe 8 Minuten kneten. Zum Schluss die Walnüsse dazugeben und kurz unterkneten, damit sie im Teig gut verteilt sind.

2. Den Teig ca. 1 Stunde bei Zimmertemperatur gehen lassen, die Masse soll sich fast verdoppeln. Danach den Teig noch einmal mit den Händen durchkneten und auf 5 oder 6 Teile aufteilen.

3. Die Teiglinge in bemehlte Brotkörbchen legen oder zu Baguettes formen und mit einem Tuch zugedeckt noch einmal ca. 20 Minuten gehen lassen.

4. Vor dem Backen die Brote auf ein Lochblech stürzen.

Einstellung Backofen mit Klimagaren
Klimagaren – 2 Dampfstöße – manuell – 230 °C (vorheizen)
Dampfstoß 1 beim Einschieben des Brotes auslösen
Dampfstoß 2 nach 8 Minuten
Nach 8 Minuten die Temperatur auf 200 °C senken
Gesamtdauer: 20–25 Minuten

Einstellung Dampfgarer mit Backofen
Combigaren Heißluft plus
Schritt 1: 210 °C – 100 % Feuchte – 10 Minuten (vorheizen)
Schritt 2: 210 °C – 100 % Feuchte – 20–25 Minuten

1 Laib

Körndlbrot

ZUTATEN

350 ml Wasser
75 g Haferflocken
70 g Leinsamen
50 g Sonnenblumenkerne
50 g Kürbiskerne
45 g Grieß
10 g Salz
160 g Weizenmehl, glatt
170 g Weizenvollmehl
30 g Roggenvollmehl
90 g Wasser
8 g Germ (Hefe), frisch
1 Ei
20 g Olivenöl

Einstellung Backofen mit Klimagaren
Klimagaren – 2 Dampfstöße – manuell – 250 °C (vorheizen)
Dampfstoß 1 beim Einschieben des Brotes auslösen
Dampfstoß 2 nach 8 Minuten
Nach 10 Minuten die Temperatur auf 220 °C senken
Gesamtdauer: 45–50 Minuten

Einstellung Dampfgarer mit Backofen
Combigaren Heißluft plus
Schritt 1:
210 °C – 100 % Feuchte – 10 Minuten (vorheizen)
Schritt 2:
210 °C – 100 % Feuchte – 40–45 Minuten

ZUBEREITUNG

1. Alle Körner mit dem Salz und dem Wasser vermengen, abdecken und mindestens 3 Stunden quellen lassen (kann auch bis zu 8 Stunden sein).

2. Danach die gequollenen Körner mit den übrigen Zutaten vermischen und in der Küchenmaschine auf niedriger Stufe einen weichen, elastischen Teig kneten. Den Teig abgedeckt für 10 bis 12 Stunden im Kühlschrank ruhen lassen, am besten über Nacht.

3. Am Morgen den Teig noch einmal mit der Hand gut durchkneten und anschließend zu einer Kugel formen. Die Teigkugel wieder in eine Schüssel geben, abdecken und noch einmal bei guter Raumtemperatur 30 Minuten gehen lassen.

4. Die Kugel zu einem länglichen Laib formen und mit dem Schluss nach unten auf eine bemehlte Arbeitsfläche setzen. Mit der Handkante der Länge nach eine tiefe Furche drücken. Nun die entstandene Mulde wieder leicht zusammendrücken und mit der eingedrückten Seite nach unten in einen bemehlten Gärkorb legen. 1 gute Stunde ruhen lassen.

5. Vor dem Backen den Teigling auf ein gelochtes Blech stürzen.

Sonnenblumenkernbrot

ZUTATEN

580 g Roggenmehl, Type 960
420 g Dinkelvollmehl, fein gemahlen
20 g Salz
20 g Malz
45 g Sauerteig
2 EL Brotgewürz
100 g Sonnenblumenkerne, leicht geröstet
2 Pkg. Trockengerm (Trockenhefe)
780 g Wasser

ZUBEREITUNG

1. Alle Zutaten in der Küchenmaschine auf geringer Stufe 8 Minuten zu einem geschmeidigen Teig kneten und in einer Schüssel zugedeckt 45 Minuten ruhen lassen.

2. Den Teig noch einmal durchkneten, 4 gleich große Teile auswiegen und jeden Teil extra mit der Hand einige Minuten fertig kneten. Kleine Laibe formen, mit dem Schluss nach oben in Gärkörbchen legen, abermals mit einem Geschirrtuch abdecken und wieder ca. 30 Minuten gehen lassen.

3. Zum Backen die Teiglinge auf ein Lochblech stürzen.

Einstellung Backofen mit Klimagaren
Klimagaren – 2 Dampfstöße – manuell – 250 °C (vorheizen)
Dampfstoß 1 beim Einschieben des Brotes auslösen
Dampfstoß 2 nach 8 Minuten
Nach 10 Minuten die Temperatur auf 185 °C senken
Gesamtdauer: 30–35 Minuten

Einstellung Dampfgarer mit Backofen
Combigaren Heißluft plus
Schritt 1: 210 °C – 100 % Feuchte – 10 Minuten (vorheizen)
Schritt 2: 185 °C – 70 % Feuchte – 30–35 Minuten

Haferflockenbrot

1 Laib

ZUTATEN

450 g Dinkelvollmehl
80 g Bio Haferflocken
1 TL Brotgewürz
1 Pkg. Trockengerm (Trockenhefe)
10 g Salz
10 g Malz
300 ml Wasser
2 EL Honig
3 EL Öl (Leinöl)
2 EL Wasser zum Bestreichen
2 EL Haferflocken zum Bestreuen

ZUBEREITUNG

1. Alle Zutaten in einer Rührschüssel vermischen und mit der Küchenmaschine ca. 8 Minuten zu einem glatten Teig kneten. Zuerst 2 Minuten ganz langsam kneten, dann 6 Minuten etwas schneller. Nun den Teig zu einer Kugel formen und in einer Schüssel abgedeckt 30 Minuten gehen lassen.

2. Den Teig noch einmal kurz durchkneten, zu einem Laib formen und auf ein gelochtes Backblech legen. Vor dem Backen den Teigling mit Wasser bestreichen und mit Haferflocken bestreuen.

Einstellung Backofen mit Klimagaren
Klimagaren – 2 Dampfstöße – manuell – 210 °C (vorheizen)
Dampfstoß 1 beim Einschieben des Brotes auslösen
Dampfstoß 2 nach 8 Minuten
Temperatur nach 10 Minuten auf 180 °C senken
Dauer: 40–45 Minuten

Einstellung Dampfgarer mit Backofen
Combigaren Heißluft plus
Schritt 1: 210 °C – 100 % Feuchte – 10 Minuten (vorheizen)
Schritt 2: 210 °C – 100 % Feuchte – 10 Minuten
Schritt 3: 180 °C – 20 % Feuchte – 30 Minuten

Pikante Brote

Johannisbeerbrot

3 Baguettes

ZUTATEN

500 g Weizenmehl
10 g Salz
10 g Malz
1 Pkg. Trockengerm (Trockenhefe)
170 g Wasser, lauwarm
110 g Schwarzer Johannisbeersaft, ungesüßt

ZUBEREITUNG

1. Alle Zutaten in eine Rührschüssel geben und mit der Küchenmaschine 8 Minuten kneten, vorerst 2 Minuten auf niedrigster Stufe, dann etwas schneller.

2. Den Teig zu einer Kugel formen und in einer Schüssel abgedeckt 30 Minuten ruhen lassen.

3. Den Teig noch einmal kurz mit den Händen durchkneten, in drei gleich große Stücke teilen und zu Baguettes formen. Die Teiglinge mit wenig Mehl bestäuben und auf ein gelochtes Blech legen. Noch einmal abgedeckt 25 Minuten gehen lassen.

4. Vor dem Backen die Teiglinge mit einem Messer 4–5 Mal quer einschneiden.

Einstellung Backofen mit Klimagaren
Temperatur: 220 °C – 2 Dampfstöße manuell (vorheizen)
Dampfstoß 1 bei Einschub der Baguettes
Dampfstoß 2 nach 8 Minuten
Nach 10 Minuten die Temperatur auf 200 °C reduzieren
Dauer: 25–30 Minuten

Einstellung Dampfgarer mit Backofen
Combigaren Heißluft plus
Schritt 1:
Temperatur 210 °C – Feuchte 100 % – Dauer 10 Minuten zum Vorheizen
Schritt 2:
Temperatur 210 °C – Feuchte 100 % – Dauer 25–30 Minuten

Zwiebelbrot mit Curry

ZUTATEN

325 ml Milch
50 g Butter
500 g Weizenmehl
1 Pkg. Trockengerm (Trockenhefe)
2 TL Zucker
10 g Salz
10 g Malz
1–2 TL Paprikapulver, edelsüß
250 g Zwiebeln
2 EL Öl
2 TL Curry
1–2 EL Milch zum Bestreichen

ZUBEREITUNG

1. Die Milch leicht erwärmen und die Butter darin zerlassen. Das Mehl in eine Rührschüssel geben und mit den restlichen Zutaten vermischen. In der Küchenmaschine zuerst 2 Minuten auf niedrigster Stufe kneten, dann 5 Minuten etwas schneller. Den Teig mit etwas Mehl bestäuben und zugedeckt an einem warmen Ort 30 Minuten gehen lassen.

2. Die Zwiebeln schälen, würfeln und in etwas Öl ca. 10 Minuten bei schwacher Hitze anbraten und mit Curry bestreuen. Danach abkühlen lassen.

3. Den aufgegangenen Teig aus der Schüssel nehmen. Nun die Zwiebelmischung mit den Händen auf einer bemehlten Arbeitsfläche gleichmäßig in den Teig kneten, einen länglichen Wecken formen und auf das gelochte Backblech legen. Teigling an der Oberfläche mehrere Male schräg etwa 1 cm tief einschneiden und abermals zugedeckt 20 Minuten gehen lassen.

4. Vor dem Backen mit Milch bestreichen.

Einstellung Backofen mit Klimagaren

Temperatur: 220 °C – 2 Dampfstöße manuell (vorheizen)
Dampfstoß 1 bei Einschub des Brotes
Dampfstoß 2 nach 8 Minuten
Nach 10 Minuten die Temperatur auf 200 C° reduzieren
Dauer: 35–40 Minuten

Einstellung Dampfgarer mit Backofen

Combigaren Heißluft plus
Schritt 1: Temperatur 210 °C – Feuchte 100 % – Dauer 10 Minuten zum Vorheizen
Schritt 2: Temperatur 210 °C – Feuchte 100 % – Dauer 35–40 Minuten

Olivenbrot

3 Laibe

ZUTATEN

1 kg Weizenmehl, glatt
20 g Salz
20 g Malz
2 Pkg. Trockengerm (Trockenhefe)
50 g Olivenöl
5 g Rosmarin
180 g Oliven, entsteint
50 g Olivenlake
650 g Wasser
einige Zweige Rosmarin

ZUBEREITUNG

1. Alle Zutaten miteinander vermischen und mit der Küchenmaschine auf kleinster Stufe ca. 5 Minuten, dann etwas schneller noch 3 Minuten kneten. Erst ganz zum Schluss die Oliven dazu mengen. Den Teig in 3 Teile aufteilen und jeden Laib extra mit den Händen durchkneten.

2. Gärkörbe gut mit Mehl bestäuben, Teiglinge hineingeben und ca. 30 Minuten gehen lassen.

3. Zum Backen die Teiglinge auf ein gelochtes Backblech stürzen, in der Mitte die Brote mit etwas Olivenöl bestreichen und mit Rosmarinnadeln bestreuen.

Einstellung Backofen mit Klimagaren
Klimagaren – 2 Dampfstöße – manuell – 240 °C (vorheizen)
Dampfstoß 1 beim Einschieben des Brotes auslösen
Dampfstoß 2 nach 8 Minuten
Nach 10 Minuten die Temperatur auf 200 °C senken
Gesamtdauer: 30–35 Minuten

Einstellung Dampfgarer mit Backofen
Combigaren Heißluft plus
Schritt 1: 210 °C – 100 % Feuchte – 10 Minuten (vorheizen)
Schritt 2: 210 °C – 100 % Feuchte – 35 Minuten

Pestobaguette

1 Brot

ZUTATEN

500 g Pizzamehl oder Weizenmehl, glatt
300 g Wasser, handwarm
20 g Olivenöl
1 PK Trockengerm (Trockenhefe)
10 g Malz
7 g Salz
Pesto, grün oder rot
Mehl zum Bestäuben

ZUBEREITUNG

1. In der Küchenmaschine aus Mehl, Wasser, Olivenöl, Germ (Hefe), Malz und Salz einen geschmeidigen Teig zubereiten. Diesen abgedeckt an einem warmen Platz ca. 30 Minuten gehen lassen.

2. Den Teig noch einmal mit den Händen kurz durchkneten und danach dünn ausrollen. Die Innenseite mit Pesto bestreichen und wie eine Roulade aufrollen.

3. Das Brot auf ein gelochtes Backblech legen, mehrmals einschneiden, mit etwas Mehl bestäuben und vor dem Backen nochmals ca. 15 Minuten zugedeckt gehen lassen.

Einstellung Backofen mit Klimagaren
Klimagaren – 3 Dampfstöße – manuell – 250 °C (vorheizen)
Dampfstoß 1 beim Einschieben des Brotes auslösen
Dampfstoß 2 nach 8 Minuten
Dampfstoß 3 nach weiteren 8 Minuten
Nach Einschieben des Brotes die Temperatur auf 210 °C senken
Gesamtdauer: 35–40 Minuten

Einstellung Dampfgarer mit Backofen
Combigaren Heißluft plus
Schritt 1: 210 °C – 100 % Feuchte – 10 Minuten (vorheizen)
Schritt 2: 210 °C – 100 % Feuchte – 35–40 Minuten

Naan-Brot

ZUTATEN

300 g Weizenmehl, Type 480
1 PK Trockengerm (Trockenhefe)
7 g Salz
1 TL Zucker
70 g Sojajoghurt
2 EL Sonnenblumenöl
150 ml Wasser, lauwarm
20 g Butterschmalz od. 3 EL Olivenöl
1 TL Kreuzkümmel
1 TL Fenchelsaat

ZUBEREITUNG

1. Mehl, Germ (Hefe), Salz und Zucker in einer Schüssel mischen. Sojajoghurt und Sonnenblumenöl verrühren und zur Mehlmischung geben. Das lauwarme Wasser zufügen und alles zu einem glatten Teig kneten. Den Teig abgedeckt bei Zimmertemperatur 3 Stunden gehen lassen.

2. Den Teig noch einmal gut durchkneten, in 6 Teile teilen und zu ovalen Fladen ausrollen. Zum Backen jeweils 3 Fladen auf ein gelochtes Backblech geben.

3. Nach dem Ende der Backzeit noch heiß mit Butterschmalz oder Olivenöl bestreichen und mit Kreuzkümmel und Fenchelsaat bestreuen.

Einstellung Backofen mit Klimagaren
Klimagaren – 1 Dampfstoß – manuell – 250 °C (vorheizen)
Dampfstoß beim Einschieben des Brotes auslösen
Nach Einschieben des Brotes die Temperatur auf 210 °C senken
Gesamtdauer: 7–10 Minuten

Einstellung Dampfgarer mit Backofen
Combigaren Heißluft plus
Schritt 1: 210 °C – 100 % Feuchte – 10 Minuten (vorheizen)
Schritt 2: 210 °C – 100 % Feuchte – 7–10 Minuten

1 Stück

Ciabatta gefüllt
mit Käse und Rucola

ZUTATEN

Für den Teig
500 g Mehl, glatt
300 ml Wasser, lauwarm
1 Pkg. Trockengerm (Trockenhefe)
1 EL Honig
1 EL Meersalz
1 EL Olivenöl

Für die Fülle
80 g Parmesan, gerieben
80 g Fontina (oder ein anderer gut schmelzender Käse)
80 g milder Gorgonzola (Dolce latte)
1 Handvoll Rucola
einige Blätter Basilikum
Olivenöl

ZUBEREITUNG

1. Für den Teig alle Zutaten in einer Rührschüssel vermischen und mit der Küchenmaschine ca. 8 Minuten kneten. Vorerst 2 Minuten auf niedrigster Stufe, anschließend etwas schneller kneten. Den Teig abgedeckt 30 Minuten gehen lassen.

2. Inzwischen für die Fülle alle Käsesorten mit dem geschnittenen Rucola, dem Basilikum und dem Olivenöl vermischen.

3. Den aufgegangenen Teig noch einmal mit den Händen kurz durchkneten, auf einer bemehlten Arbeitsfläche zu einem Rechteck ausrollen und eine Hälfte mit Olivenöl bepinseln. Die Käsemischung gut darauf drücken und die zweite Hälfte darüber schlagen. Die Oberseite mit einer Gabel einige Male einstechen und ebenfalls mit Olivenöl bestreichen. An den Rändern gut andrücken.

4. Den Teigling vor dem Backen noch einmal 20 Minuten gehen lassen.

Einstellung Backofen mit Klimagaren
Klimagaren – 2 Dampfstöße – manuell – 210 °C (vorheizen)
Dampfstoß 1 beim Einschieben des Ciabattas auslösen
Dampfstoß 2 nach 8 Minuten
Dauer: 25–30 Minuten

Einstellung Dampfgarer mit Backofen
Combigaren Heißluft plus
Schritt 1: 210 °C – 100 % Feuchte – 10 Minuten (zum Vorheizen)
Schritt 2: 210 °C – 100 % Feuchte – 25–30 Minuten

Parmesanbrot

1 Laib

ZUTATEN

300 g Weizenmehl (Pizzamehl)
1 TL Backpulver
1 TL Salz
60 g Parmesan, frisch gerieben
50 g Butter, geschmolzen und wieder abgekühlt
130 ml Milch
2 Eier

ZUBEREITUNG

1. Mehl, Backpulver und Salz in eine Schüssel sieben. 50 g Parmesan unterrühren und eine Vertiefung in die Mitte drücken.

2. Die Butter mit 100 ml Mich sowie den Eiern verquirlen und in die Vertiefung zum Mehl gießen. Alles rasch zu einem Teig verarbeiten – nicht lange kneten, sonst wird das Brot hart!

3. Den Teig auf Backpapier legen, von Hand zu einem ca. 3 cm dicken Kreis formen, mit Milch bestreichen und mit einem scharfen Messer 12 Tortensegmente »anzeichnen«.

4. Vor dem Backen mit dem restlichen Parmesan bestreuen.

Einstellung Backofen mit Klimagaren
Klimagaren – 1 Dampfstoß – manuell – 220 °C (vorheizen)
Dampfstoß 1 beim Einschieben des Parmesanbrotes auslösen

Einstellung Dampfgarer mit Backofen
Combigaren Heißluft plus
Schritt 1: 220 °C – 50 % Feuchte – 10 Minuten
Schritt 2: 220 °C – 0 % Feuchte – 15–20 Minuten

Focaccia klassisch

2
Fladen

ZUTATEN

750 g Weizenmehl (Pizzamehl)
12 g Salz
10 g Malz
1 PK Trockengerm (Trockenhefe)
150 ml Olivenöl
400–450 ml Wasser, lauwarm
Meersalz, grobkörnig
frische Rosmarinzweige

ZUBEREITUNG

1. Mehl, Salz, Malz, Trockengerm (Trockenhefe), 50 ml Olivenöl und Wasser zu einem geschmeidigen Teig verarbeiten. Zuerst ca. 2 Minuten auf geringster Stufe der Küchenmaschine kneten, dann 5 Minuten etwas schneller. Den Teig in einer Schüssel mit einem Geschirrtuch oder mit Klarsichtfolie bedeckt bei Zimmertemperatur 90 Minuten gehen lassen.

2. Die Luft aus dem aufgegangenen Teig schlagen und den Teig in 2 Portionen teilen. Diese zu Kugeln formen und auf einer leicht bemehlten Arbeitsfläche zu Kreisen von 28 cm Durchmesser ausrollen. Die Teigkreise auf PerfectClean Pizzableche legen und abgedeckt nochmals 30 Minuten gehen lassen.

3. Küchentuch oder Frischhaltefolie vom aufgegangenen Teig entfernen. Mit den Fingerspitzen mehrere Mulden in den Teig eindrücken. Den so vorbereiteten Teig großzügig mit jeweils 50 ml Olivenöl so beträufeln, dass die Vertiefungen mit dem Öl ausgefüllt sind. Den Teig mit etwas frischem Rosmarin und einer guten Prise Salz bestreuen.

4. Vor dem Backen nochmals abgedeckt 30 Minuten gehen lassen.

Einstellung Backofen mit Klimagaren
Klimagaren – 3 Dampfstöße – manuell – 210 °C (vorheizen)
Dampfstoß 1 beim Einschieben der Focaccia auslösen
Dampfstoß 2 nach 8 Minuten
Dauer: 20–25 Minuten

Einstellung Dampfgarer mit Backofen
Combigaren Heißluft plus
Schritt 1: 210 °C – 100 % Feuchte – 10 Minuten (vorheizen)
Schritt 2: 210 °C – 100 % Feuchte – 20–25 Minuten

Knoblauchstangerln

ca. 20 Stück

ZUTATEN

1 kg Weizenmehl, Type 480
20 g Salz
20 g Malz
50 g Weizengrieß
2 Pkg. (14 g) Trockengerm (Trockenhefe)
40 g Butter
ca. 600 ml Wasser
50 g Knoblauchpesto

ZUBEREITUNG

1. Alle Zutaten, außer dem Knoblauchpesto, zu einem geschmeidigen Teig verarbeiten. Zuerst ca. 2 Minuten auf geringster Stufe der Küchenmaschine kneten, dann 5 Minuten etwas schneller. Den Teig mindestens 30 Minuten an einem warmen Platz gehen lassen.

2. Teigstücke zu je 80 g auswiegen und zu ovalen Fladen ausrollen. Diese mit Knoblauch-Pesto bestreichen und einrollen.

3. Vor dem Backen auf ein Lochblech legen und nochmals 15 Minuten zugedeckt gehen lassen.

Einstellung Backofen mit Klimagaren
Klimagaren – 2 Dampfstöße – manuell – 210 °C (vorheizen)
Dampfstoß 1 beim Einschieben der Stangerln auslösen
Dampfstoß 2 nach 8 Minuten
Dauer: 16–18 Minuten

Einstellung Dampfgarer mit Backofen
Combigaren Heißluft plus
Schritt 1: 210 °C – 100 % Feuchte – 10 Minuten (vorheizen)
Schritt 2: 210 °C – 100 % Feuchte – 16–18 Minuten

Speckkuchen

1 Backblech

ca. 24 Stück

ZUTATEN

Für den Teig
500 g Mehl
1 Pkg. Trockengerm (Trockenhefe)
250 ml Milch, leicht angewärmt
1 Ei
10 g Salz
etwas Mehl zum Ausrollen des Teiges

Für den Belag
250 g Schinkenspeck
250 g Zwiebeln
3 Eier
250 ml Sauerrahm
Salz, Pfeffer
1 EL Kümmel, geschrotet

ZUBEREITUNG

1. Für den Teig alle Zutaten in einer Rührschüssel vermengen und mit der Küchenmaschine in ca. 8 Minuten zu geschmeidiger Konsistenz kneten. Dann 30 Minuten abgedeckt gehen lassen.

2. Noch einmal kurz durchkneten und auf einer bemehlten Arbeitsfläche zu Backblechgröße ausrollen. Auf das Backblech geben und abgedeckt noch einmal 15 Minuten gehen lassen.

3. Inzwischen den Belag zubereiten. Schinkenspeck und Zwiebeln in kleine Würfel schneiden und in einer Schüssel zusammenmischen. In einer anderen Schüssel Sauerrahm mit den Eiern vermischen, mit Salz, Pfeffer und Kümmel gut würzen.

4. Den aufgegangenen Teig mit der Speck-Zwiebel-Mischung belegen und vor dem Backen die gewürzte Sauerrahmmasse darüber gießen.

Einstellung Backofen mit Klimagaren
Klimagaren – 1 Dampfstoß – manuell – 220 °C (vorheizen)
Dampfstoß 1 beim Einschieben des Speckkuchens auslösen
Nach 8 Minuten Backzeit die Temperatur auf 200 °C reduzieren
Dauer: 30 Minuten

Einstellung Dampfgarer mit Backofen
Combigaren Heißluft plus
Schritt 1: 210 °C – 100 % Feuchte – 10 Minuten (vorheizen)
Schritt 2: 200 °C – 20 % Feuchte – 30 Minuten

Stromboli

4 Stück

ZUTATEN

Für den Teig
25 g Germ (Hefe), frisch
1–2 TL Zucker
250 ml Wasser, lauwarm
500 g Pizzamehl
10 g Salz
1 EL Olivenöl

Für die Füllung
4 große rote Paprikaschoten
4 EL Olivenöl
125 g schwarze Oliven, entsteint und gehackt
8 EL rotes Pesto

Einstellung Backofen mit Klimagaren
Klimagaren – 3 Dampfstöße – manuell – 250 °C (vorheizen)
Dampfstoß 1 beim Einschieben der Stromboli auslösen
Dampfstoß 2 nach 8 Minuten
Dampfstoß 3 nach weiteren 8 Minuten
Nach Einschieben der Stromboli die Temperatur auf 190 °C senken
Gesamtdauer: 30–35 Minuten

Einstellung Dampfgarer mit Backofen
Combigaren Heißluft plus
Schritt 1: 210 °C – 100 % Feuchte – 10 Minuten (vorheizen)
Schritt 2: 180 °C – 60 % Feuchte – 35–40 Minuten

ZUBEREITUNG

1. Frische Germ mit Zucker und Wasser in einer Schüssel vermischen und 10 Minuten gehen lassen.

2. Mehl und Salz in die Schüssel der Küchenmaschine geben und in die Mitte eine Vertiefung drücken, die Wasser-Germ-Mischung hineingeben, danach das Olivenöl. Nun mit dem Knethaken einige Minuten alles zu einem geschmeidigen Teig kneten.

3. Den Teig auf eine bemehlte Arbeitsfläche geben, händisch zu einem elastischen Teig kneten und zu einer Kugel formen. Abgedeckt 90 Minuten bei Zimmertemperatur gehen lassen.

4. Für die Füllung die Paprikas mit Olivenöl einreiben und im Backofen 25–30 Minuten rösten, bis die Haut schwarz wird und Blasen wirft. Etwas überkühlen lassen, Stiel sowie Samen entfernen, die Schoten schälen und in Streifen schneiden.

5. Den Teig noch einmal kräftig durchkneten und die Luft aus dem Teig schlagen. 1–3 der entsteinten Oliven einarbeiten. Den Teig in 4 Portionen teilen, zu Rechtecken ausrollen und diese mit rotem Pesto bestreichen. Die restlichen Oliven sowie die Paprikastreifen darauf verteilen.

6. Die belegten Teigrechtecke wie zu einem Strudel aufrollen und auf ein Backblech setzen. Vor dem Backen mit einer eingefetteten Frischhaltefolie abdecken, noch einmal 20 Minuten gehen lassen und zum Backen die Folie entfernen.

Kleines Gebäck

ca. 20 Stück

Salzstangerln

ZUTATEN

1 kg Mehl, Type 480
20 g Salz
25 g Malz
10 g Zucker
30 g Schmalz oder Butter
2 Pkg. Trockengerm (Trockenhefe)
120 g Milch
ca. 450 ml Wasser
15 g Salz, grob (zum Bestreuen)
5 g Kümmel, ganz (zum Bestreuen)

ZUBEREITUNG

1. Alle Zutaten (außer Salz und Kümmel) zu einem mittelfesten Teig kneten, ca. 8 Minuten zuerst auf kleiner Stufe, danach etwas schneller. Den Teig zu einer Kugel formen und abgedeckt in einer Schüssel ca. 30 Minuten gehen lassen.

2. Den Teig noch einmal kurz durchkneten und in 20 gleiche Teigstücke à 70 g auswiegen. Die Hand jetzt locker auf die Teiglinge legen und im Uhrzeigesinn ein paar Mal rundherum kreisen, bis ein Bällchen entsteht. Bei Profis heißt das »rundschleifen«. Aus dieser Form werden die Salzstangerln herausgearbeitet.

3. Die rund geschliffenen Teiglinge nochmals 10 Minuten zugedeckt ruhen lassen. Danach die Teigstücke länglich dünn ausrollen und noch einmal 10 Minuten liegen lassen.

4. Nun an einer der kurzen Seiten einschlagen, eine Hand zieht, die andere Hand rollt und drückt. Der Schluss wird angedrückt.

5. Die geformten Salzstangerln auf ein Lochblech legen und mit Wasser besprühen. Grobes Salz und/oder Kümmel darauf verteilen und vor dem Backen noch einmal abgedeckt 10–15 Minuten gehen lassen.

Einstellung Backofen mit Klimagaren
Klimagaren – 2 Dampfstöße – manuell – 230 °C (vorheizen)
Dampfstoß 1 beim Einschieben der Salzstangerln auslösen
Dampfstoß 2 nach 8 Minuten
Nach 8 Minuten die Temperatur auf 200 °C senken
Gesamtdauer: 15–18 Minuten

Einstellung Dampfgarer mit Backofen
Combigaren Heißluft plus
Schritt 1: 210 °C – 100 % Feuchte – 10 Minuten (vorheizen)
Schritt 2: 210 °C – 100 % Feuchte – 15–18 Minuten

Pitabrot

ZUTATEN

400 g Weizenmehl
20 g (½ Würfel) Germ (Hefe), frisch
1 EL Honig
250 ml Wasser
8 EL Olivenöl
10 g Salz
etwas Mehl zum Bestäuben
2 TL Sesamsamen, ungeschält, zum Bestreuen
1 TL Schwarzkümmel zum Bestreuen

ZUBEREITUNG

1. Für den Teig alle Zutaten bis auf die Sesamsamen und den Schwarzkümmel in der Küchenmaschine zu einem Teig kneten. Die ersten 2 Minuten langsam, dann 5 Minuten etwas schneller. Den Teig mit etwas Mehl bestäuben und zugedeckt so lange gehen lassen, bis er sich fast verdoppelt hat.

2. Den aufgegangenen Teig aus der Schüssel nehmen und auf der bemehlten Arbeitsfläche nochmals gut durchkneten. Dann in 4 gleichgroße Teile teilen und zu flachen Fladen formen. Die Teigfladen auf ein gelochtes Backblech legen, mit Wasser bestreichen, mit Sesam und Schwarzkümmel bestreuen. Mit einem Holzstäbchen mehrere Löcher in die Teigfladen stechen.

3. Vor dem Backen die Teigfladen nochmals zugedeckt ca. 15 Minuten an einem warmen Ort gehen lassen.

Einstellung Backofen mit Klimagaren
Klimagaren – 1 Dampfstoß – manuell – 230 °C (vorheizen)
Dampfstoß beim Einschieben des Brotes auslösen
Nach Einschieben der Brote die Temperatur auf 200 °C senken
Gesamtdauer: 20 Minuten

Einstellung Dampfgarer mit Backofen
Combigaren Heißluft plus
Schritt 1: 210 °C – 100 % Feuchte – 10 Minuten (vorheizen)
Schritt 2: 200 °C – 70 % Feuchte – 20 Minuten

20 Stück

Dinkelvollkornlaibchen

ZUTATEN

1 kg Dinkelmehl
20 g Salz
20 g Malz
20 g Speiseöl
20 g Bienenhonig
5 g Fenchel
2 Pkg. Trockengerm (Trockenhefe)
ca. 700 ml Wasser
100 g Kürbiskerne, gerieben

ZUBEREITUNG

1. Alle Zutaten in der Küchenmaschine ca. 8 Minuten auf kleiner Stufe zu einem weichen Teig kneten. Danach den Teig zu einer Kugel formen und 30 Minuten gehen lassen.

2. Aus dem aufgegangenen Teig 20 gleiche Stücke auswiegen (à ca. 70 g), rundschleifen (siehe S. 58) und mit geriebenen Kürbiskernen bestreuen.

3. Auf ein gelochtes Blech geben und vor dem Backen nochmals 20 Minuten gehen lassen, nach 10 Minuten die Laibchen mit Wasser befeuchten.

Einstellung Backofen mit Klimagaren
Klimagaren – 3 Dampfstöße – manuell – 230 °C (vorheizen)
Dampfstoß 1 beim Einschieben des Brotes auslösen
Dampfstoß 2 nach 8 Minuten
Dampfstoß 3 nach 8 Minuten
Beim Einschieben der Dinkellaibchen die Temperatur auf 200 °C senken
Gesamtdauer: 20 Minuten

Einstellung Dampfgarer mit Backofen
Combigaren Heißluft plus
Schritt 1: 210 °C – 100 % Feuchte – 10 Minuten (vorheizen)
Schritt 2: 210 °C – 100 % Feuchte – 20 Minuten

10 Stück

Kräuterbrötchen

ZUTATEN

350 g Weizenmehl
50 g Weizenschrot
1 Pkg. Trockengerm (Trockenhefe)
50 ml Milch, lauwarm
20 g Zucker
1–2 Chilischote
40 ml Öl
125 ml Gemüsefond
2 EL Petersilie, gehackt
1 EL Schnittlauchröllchen
1 TL Koriandergrün, gehackt
8 g Salz

ZUBEREITUNG

1. Alle Zutaten, außer den gehackten Kräutern, in einer Schüssel mischen und mit der Küchenmaschine ca. 5 Minuten kneten, bis ein geschmeidiger Teig entsteht. Ganz zum Schluss der Knetzeit die gehackten Kräuter untermengen und einkneten.

2. Den Teig zu einer Kugel formen und in einer Schüssel abgedeckt ca. 30 Minuten gehen lassen.

3. Den Teig noch einmal kurz durchkneten, in gleiche Teile portionieren, zu Brötchen formen und auf ein Lochblech legen. Vor dem Backen noch einmal 20 Minuten gehen lassen, dazwischen mit einer Sprühflasche befeuchten.

Einstellung Backofen mit Klimagaren
Klimagaren – 2 Dampfstöße – manuell– 230 °C (vorheizen)
Dampfstoß 1 beim Einschieben des Brotes auslösen
Dampfstoß 2 nach 8 Minuten
Nach dem Einschieben der Brötchen die Temperatur auf 200 °C senken
Gesamtdauer: 20 Minuten

Einstellung Dampfgarer mit Backofen
Combigaren Heißluft plus
Schritt 1: 210 °C – 100 % Feuchte – 10 Minuten (vorheizen)
Schritt 2: 210 °C – 100 % Feuchte – 20 Minuten

Amaranthweckerln

8 Brote

ZUTATEN

Zur Vorbereitung
300 ml Wasser
100 g Amaranth

Für den Germteig
150 g Weizenmehl, glatt
150 g Dinkelvollmehl
8 g Salz
1 Pkg. Trockengerm (Trockenhefe)
2 EL Olivenöl
ca. 50 ml Wasser
Mehl zum Bestäuben

Einstellung Backofen mit Klimagaren
Klimagaren – 1 Dampfstoß – manuell – 230 °C (vorheizen)
Dampfstoß beim Einschieben der Weckerln auslösen
Nach 8 Minuten die Temperatur auf 180 °C senken
Gesamtdauer: 20–25 Minuten

Einstellung Dampfgarer mit Backofen
Combigaren Heißluft plus
Schritt 1: 225 °C – 100 % Feuchte – 10 Minuten (vorheizen)
Schritt 2: 210 °C– 100 % Feuchte – 10 Minuten
Schritt 3: 180 °C – 30 % Feuchte – 10–15 Minuten

ZUBEREITUNG

1. Wasser in einem Topf zum Kochen bringen. Amaranth hinzufügen und aufkochen lassen, zugedeckt bei schwacher Hitze ca. 30 Minuten quellen lassen. Einige Male umrühren. Der Amaranth kann natürlich auch im Dampfgarer gegart werden, dann aber ein Drittel weniger Wasser verwenden. Danach auf lauwarm abkühlen lassen.

2. Für den Teig die beiden Mehle mit Salz und Trockengerm in einer Rührschüssel vermischen. Speiseöl, lauwarme Amaranth-Masse und Wasser hinzufügen. Die Zutaten mit der Küchenmaschine zuerst auf niedrigster Stufe vermischen, dann etwas schneller 5 Minuten kneten. Den Teig mit etwas Mehl bestäuben und zugedeckt 1 Stunde bei Raumtemperatur gehen lassen.

3. Den gegangenen Teig auf der bemehlten Arbeitsfläche durchkneten und in 8 gleiche Teile teilen. Jede Portion zu einem kleinen Wecken formen und auf ein gelochtes Backblech legen. Gut mit Wasser besprühen und mit Mehl bestäuben.

4. Die Wecken mit einem Geschirrtuch abdecken und noch einmal 20 Minuten gehen lassen. Vor dem Backen die Teiglinge mit einem scharfen Messer der Länge nach ca. 1 cm tief einschneiden.

8 Stück

Bierstangerln

ZUTATEN

375 g Weizenmehl
1 Pkg. Trockengerm (Trockenhefe)
8 g Salz
250 ml Bier
1 TL Honig
4 EL Sonnenblumenöl
1 TL Kümmel, geschrotet
2 EL Bier zum Bestreichen
1–2 EL Kümmel, ganz, zum Bestreuen

ZUBEREITUNG

1. Alle Zutaten, außer dem Bier zum Bestreichen und den ganzen Kümmelkörnern, vermischen und in der Küchenmaschine zu einem glatten Teig kneten. Die ersten 2 Minuten auf der langsamsten Stufe, dann
5 Minuten etwas schneller. Den Teig zu einer Kugel formen, mit etwas Mehl bestäuben und zugedeckt an einem warmen Ort 30 Minuten abgedeckt gehen lassen, bzw. so lange, bis sich der Teig sichtbar vergrößert hat.

2. Den Teig aus der Schüssel nehmen, noch einmal kurz durchkneten und zu einer Rolle formen. Diese in 8 Stücke teilen und jeweils ein Bierstangerl davon formen. Die Stangerln auf ein Lochblech legen und noch einmal zugedeckt 15 Minuten gehen lassen.

3. Vor dem Backen mit einem scharfen Messer drei Mal schräg einschneiden, mit Bier bestreichen und mit Kümmel bestreuen.

Einstellung Backofen mit Klimagaren
Klimagaren – 2 Dampfstöße – manuell – 230 °C (vorheizen)
Dampfstoß 1 beim Einschieben der Bierstangerln auslösen
Dampfstoß 2 nach 8 Minuten
Beim Einschieben der Stangerln die Temperatur auf 200 °C senken
Gesamtdauer: 20–25 Minuten

Einstellung Dampfgarer mit Backofen
Combigaren Heißluft plus
Schritt 1: 210 °C – 100 % Feuchte – 10 Minuten (vorheizen)
Schritt 2: 210 °C – 100 % Feuchte – 20–25 Minuten

Kartoffelbrötchen

8 Stück

Nichts für Eilige!

ZUTATEN

450 g Kartoffeln, mehlig
10 g Salz
15 g Olivenöl
140 g Roggenvollmehl
210 g Weizenmehl, universal
60 ml Wasser
10 g Germ (Hefe), frisch

Einstellung Backofen mit Klimagaren

Klimagaren – 2 Dampfstöße – manuell – 230 °C (vorheizen)
Dampfstoß 1 beim Einschieben der Brote auslösen
Dampfstoß 2 nach 8 Minuten
Nach 10 Minuten Backzeit die Temperatur auf 200 °C senken.
Gesamtdauer: 20 Minuten

Einstellung Dampfgarer mit Backofen

Combigaren Heißluft plus
Schritt 1:
210 °C – 100 % Feuchte – 10 Minuten (vorheizen)
Schritt 2:
210 °C – 100 % Feuchte – 10 Minuten
Schritt 3:
200 °C – 30 % Feuchte – 10 Minuten

ZUBEREITUNG

1. Die Kartoffeln mit der Schale weich dämpfen, schälen und abkühlen lassen. Anschließend durch die Kartoffelpresse drücken und mit Salz und Olivenöl mischen. Die übrigen Zutaten dazu mischen und 10 Minuten mit der Küchenmaschine auf niedrigster Stufe verkneten. Der Teig ist zu Beginn des Knetens recht trocken, wird aber dann, dank der Kartoffeln, weicher. Eventuell noch etwas Wasser dazugeben, wenn der Teig zu trocken sein sollte.

2. Den Teig zu einer Kugel formen und in einer Schüssel 9 Stunden im Kühlschrank (ca. 6 °C) luftdicht abgedeckt zum Ruhen stellen.

3. Nach der Ruhezeit den Teig aus dem Kühlschrank nehmen, mit den Händen kräftig durcharbeiten und die Luft heraus kneten.

4. Mit der Teigkarte 8 Stücke abstechen und auf einer bemehlten Arbeitsfläche rundschleifen (siehe S. 58), in Roggenvollmehl wälzen und mit Schluss nach unten auf ein Lochblech setzen.

5. Noch einmal 1 Stunde mit einem Geschirrtuch abgedeckt gehen lassen. Vor dem Backen die Teiglinge mit einem scharfen Messer 1 cm tief über den gesamten Durchmesser einschneiden.

8
Stück

Schusterlaibchen

ZUTATEN

Für den Vorteig
230 g Weizenmehl
150 ml Wasser

Für den Hauptteig
230 g Roggenmehl
15 g Sauerteig
10 g Malz
150 ml Wasser
5 g Germ (Hefe), frisch
10 g Salz

ZUBEREITUNG

1. Für den Vorteig das Weizenmehl mit dem Wasser verrühren und 30 Minuten zugedeckt ruhen lassen.

2. Den Vorteig mit den Zutaten für den Hauptteig vermischen und auf niedrigster Stufe mit der Küchenmaschine 5 Minuten lang kneten, dann die Stufe etwas höher schalten und den Teig noch einmal 5 Minuten kneten. Anschließend den Teig 30 Minuten luftdicht abgedeckt bei ca. 24 °C ruhen lassen.

3. Den Teig mit den Händen auf der bemehlten Arbeitsplatte kurz durchkneten. Mit der Teigkarte 8 Teigstücke abstechen und auf der Arbeitsplatte mit der hohlen Hand rundschleifen (siehe S. 58) und vollständig in Roggenvollmehl wälzen.

4. Die Teiglinge auf einem bemehlten Geschirrtuch noch 1,5 Stunden bei ca. 24 °C abgedeckt ruhen lassen.

5. Zum Backen die Teiglinge vorsichtig Stück für Stück vom Geschirrtuch auf ein gelochtes Backblech kippen.

Einstellung Backofen mit Klimagaren
Klimagaren – 2 Dampfstöße – manuell – 250 °C (vorheizen)
Dampfstoß 1 beim Einschieben der Schusterlaibchen auslösen
Dampfstoß 2 nach 8 Minuten
Beim Einschieben der Laibchen die Temperatur auf 230 °C senken
Gesamtdauer: 20–25 Minuten

Einstellung Dampfgarer mit Backofen
Combigaren Heißluft plus
Schritt 1: 210 °C – 100 % Feuchte – 10 Minuten (vorheizen)
Schritt 2: 210 °C – 100 % Feuchte – 20–25 Minuten

11 Stück

Frühstücksweckerln

ZUTATEN

500 g Weizenmehl
10 g Salz
10 g Malz
5 g Zucker
20 g Butter
1 Pkg. Trockengerm (Trockenhefe)
60 g Milch
ca. 220 ml Wasser, lauwarm

ZUBEREITUNG

1. Alle Zutaten zusammenmischen und in der Küchenmaschine zuerst ein paar Minuten auf kleinster Stufe kneten, anschließend 5 Minuten etwas schneller. Danach den Teig zu einer Kugel formen und 30 Minuten abgedeckt ruhen lassen.

2. Den Teig auf eine bemehlte Arbeitsfläche geben und kleine Teigstücke à ca. 75 g auswiegen. Die Teiglinge rund formen und auf ein gelochtes Backblech legen.

3. Vor dem Backen noch einmal 15 Minuten abgedeckt gehen lassen.

Einstellung Backofen mit Klimagaren
Klimagaren – 2 Dampfstöße – manuell – 230 °C (vorheizen)
Dampfstoß 1 beim Einschieben der Brote auslösen
Dampfstoß 2 nach 8 Minuten
Beim Einschieben der Brote die Temperatur auf 210 °C senken
Gesamtdauer: 16–18 Minuten

Einstellung Dampfgarer mit Backofen
Combigaren Heißluft plus
Schritt 1: 210 °C – 100 % Feuchte – 10 Minuten (vorheizen)
Schritt 2: 210 °C – 100 % Feuchte – 16–18 Minuten

8 Stück

Feine Frühstücksweckerln

Nichts für Eilige!

ZUTATEN

180 g Weizenmehl, Type 480 universal
100 g Weizengrieß
110 g Roggenmehl
150 ml Wasser
150 ml Milch
4 g Germ (Hefe), frisch
8 g Salz
8 g Olivenöl
Roggenvollmehl zum Wälzen

ZUBEREITUNG

1. Am Vorabend alle Zutaten in eine Rührschüssel geben und mit der Küchenmaschine 8 Minuten auf niedrigster Stufe, danach 5 Minuten etwas schneller zu einem mittelfesten Teig kneten, bis er sich vom Schüsselboden löst. Danach den Teig zu einer Kugel formen und luftdicht verschlossen über Nacht bzw. 10–12 Stunden im Kühlschrank ruhen lassen.

2. Am nächsten Morgen den Teig auf einer bemehlten Arbeitsfläche kurz durchkneten und in 8 Teile teilen. Diese Teiglinge zu zylindrischen Weckerln formen und in Roggenvollmehl wälzen, danach noch einmal 45 Minuten mit einem Geschirrtuch abgedeckt gehen lassen.

3. Die Weckerln zum Backen auf ein Lochblech setzen.

Einstellung Backofen mit Klimagaren
Klimagaren – 2 Dampfstöße – manuell – 220 °C (vorheizen)
Dampfstoß 1 beim Einschieben der Brote auslösen
Dampfstoß 2 nach 8 Minuten
Gesamtdauer: 20 Minuten

Einstellung Dampfgarer mit Backofen
Combigaren Heißluft plus
Schritt 1: 210 °C – 100 % Feuchte – 10 Minuten (vorheizen)
Schritt 2: 210 °C – 100 % Feuchte – 10 Minuten
Schritt 3: 200 °C – 0 % Feuchte – 10 Minuten

12
Stück

Mohnweckerln

ZUTATEN

500 g Weizenmehl, universal
7 g Salz
5 g Malz
50 g Zucker
50 g Butter
2 Pkg. Trockengerm (Trockenhefe)
280 ml Milch, lauwarm
Mohn zum Eintauchen

ZUBEREITUNG

1. Alle Zutaten zusammenmischen und mit der Küchenmaschine zuerst auf kleinster Stufe 3 Minuten kneten, dann 5 Minuten etwas schneller, bis ein glatter Teig entsteht. Anschließend den Teig 30 Minuten abgedeckt ruhen lassen.

2. Den Teig auf eine leicht bemehlte Arbeitsfläche geben und Teigstücke zu je 80 g auswiegen. Die Teiglinge rundschleifen (siehe S. 58) und noch einmal bei Zimmertemperatur 20 Minuten gehen lassen.

3. Jede Teigkugel mit beiden Händen zu einem Teigstrang ausrollen und zu einem kleinen Zöpfchen formen. Die Teiglinge gut mit Wasser befeuchten und in Mohn eintauchen, danach auf ein gelochtes Backblech legen.

4. Vor dem Backen noch einmal mit Wasser besprühen und mit einem Geschirrtuch bedeckt 15 Minuten ruhen lassen. Zum Backen Tuch abnehmen.

Einstellung Backofen mit Klimagaren
Klimagaren – 2 Dampfstöße – manuell – 230 °C (vorheizen)
Dampfstoß 1 beim Einschieben der Mohnweckerl auslösen
Dampfstoß 2 nach 8 Minuten
Beim Einschieben der Weckerl die Temperatur auf 195 °C senken
Gesamtdauer: 16–18 Minuten

Einstellung Dampfgarer mit Backofen
Combigaren Heißluft plus
Schritt 1: 210 °C – 100 % Feuchte – 10 Minuten (vorheizen)
Schritt 2: 195 °C – 50 % Feuchte – 16–18 Minuten

Grammelpogatschen

ca. 10 Stück

ZUTATEN

20 g Germ (Hefe), frisch
1 EL Zucker
250 g Mehl, glatt
5 g Salz
3 EL Milch, lauwarm
100 ml Wasser
2 EL Sauerrahm
2 EL Wein
1 Ei
2 EL Petersilie, gehackt
150 g kleine Grammeln
1 Eigelb zum Bestreichen
1 TL Öl zum Bestreichen

ZUBEREITUNG

1. Germ (Hefe) mit Zucker verbröseln und ca. 10 Minuten gehen lassen. Danach mit den übrigen Zutaten, außer den Grammeln, zu einem nicht zu festen Teig verarbeiten. Eventuell noch etwas Flüssigkeit zugeben. Entweder mit der Küchenmaschine 8 Minuten kneten oder mit dem Kochlöffel den Teig schlagen. Zuletzt die Grammeln einarbeiten und kurz durchkneten. Den Teig zugedeckt an einem warmen Ort ca. 40 Minuten gehen lassen.

2. Kleine Krapfen formen, auf ein leicht bemehltes Backblech legen und nochmals 20 Minuten zugedeckt gehen lassen.

3. Eigelb mit Öl verrühren und die Pogatschen vor dem Backen damit bestreichen.

Einstellung Backofen mit Klimagaren
Klimagaren – 1 Dampfstoß – manuell – 190 °C (vorheizen)
Dampfstoß 1 beim Einschieben der Grammelpogatschen auslösen
Dauer: 15–20 Minuten

Einstellung Dampfgarer mit Backofen
Combigaren Heißluft plus
Schritt 1: 210 °C – 100 % Feuchte – 10 Minuten (zum Vorheizen)
Schritt 2: 190 °C – 80 % Feuchte – 18 Minuten

9 Stück

Vintschgerln
à la Christian Ofner

ZUTATEN

350 g Roggenmehl, Type 960
150 g Weizenmehl, Type 480 universal
10 g Salz
10 g Malz
18 g Sauerteig
15 g Öl
12 g Brotgewürz
10 g Kümmel
5 g Fenchelsamen
1 Pkg. Trockengerm (Trockenhefe)
400 ml Wasser, lauwarm (28 °C)

ZUBEREITUNG

1. Alle Zutaten zusammenmischen und mit der Küchenmaschine 10 Minuten auf niedriger Stufe kneten. Danach ca. 30 Minuten abgedeckt gehen lassen.

2. Den Teig aus der Schüssel nehmen und auf einer stark bemehlten Arbeitsfläche kurz durchkneten. Teigstücke à 90 g abstechen, rundschleifen (siehe S. 58) und auf ein Lochblech setzen.

3. Mit einem Sieb reichlich Roggenmehl darüber stäuben und die Vintschgerln bei Raumtemperatur vor dem Backen noch einmal 30 Minuten abgedeckt gehen lassen.

Einstellung Backofen mit Klimagaren
Klimagaren – 2 Dampfstöße – manuell – 220 °C (vorheizen)
Dampfstoß 1 beim Einschieben der Vintschgerln auslösen
Dampfstoß 2 nach 8 Minuten
Gesamtdauer: 17 Minuten

Einstellung Dampfgarer mit Backofen
Combigaren Heißluft plus
Schritt 1: 220 °C – 100 % Feuchte – 10 Minuten (vorheizen)
Schritt 2: 220 °C – 100 % Feuchte – 12 Minuten
Schritt 3: 220 °C – 70 % Feuchte – 5 Minuten

Mischbrötchen
mit Weizenschrot

8 Stück

Nichts für Eilige!

ZUTATEN

50 g Kürbiskerne
50 g Sonnenblumenkerne
250 g Weizenmehl, Type 480 universal
50 g Roggenmehl
120 g Weizenschrot, nicht zu grob gemahlen
ca. 280 ml Wasser
4 g Germ (Hefe), frisch
10 g Salz
8 g Schweineschmalz
5 g Malz
Weizenschrot zum Wälzen

ZUBEREITUNG

1. Kürbis- und Sonnenblumenkerne in einer beschichteten Pfanne anrösten, bis sie zu duften beginnen. Danach abkühlen lassen.

2. Alle übrigen Zutaten mit der Küchenmaschine 5 Minuten auf niedrigster Stufe kneten, danach noch 10 Minuten auf etwas höherer Stufe fertig kneten. Zuletzt die Kerne unterkneten.

3. Den Teig luftdicht in eine Schüssel geben und zuerst bei Zimmertemperatur 30 Minuten gehen lassen, danach für 15 Stunden im Kühlschrank ruhen lassen.

4. Den Teig aus dem Kühlschrank nehmen, mit beiden Händen auf einer bemehlten Arbeitsfläche kurz durchkneten und ca. 1,5–2 cm dick ausrollen. Mit einer Teigkarte Dreiecke abstechen und zuerst in Wasser tunken, anschließend im Weizenschrot wälzen. Die Teiglinge weitere 30 Minuten ruhen lassen.

5. Vor dem Backen mit einem scharfen Messer längs einschneiden.

Einstellung Backofen mit Klimagaren
Klimagaren – 2 Dampfstöße – manuell – 230 °C (vorheizen)
Dampfstoß 1 beim Einschieben der Brötchen auslösen
Dampfstoß 2 nach 8 Minuten
Gesamtdauer: 20 Minuten

Einstellung Dampfgarer mit Backofen
Combigaren Heißluft plus
Schritt 1: 220 °C – 100 % Feuchte –10 Minuten (vorheizen)
Schritt 2: 220 °C – 100 % Feuchte – 10 Minuten
Schritt 3: 220 °C – 0 % Feuchte – 10 Minuten

Kapitel IV

~Süßes Germteiggebäck

Milchbrot

ZUTATEN

20 g (½ Würfel) Germ (Hefe), frisch
80 g Zucker
150–200 ml Milch, lauwarm
500 g Mehl
80 g Butter, weich
1 Ei, ganz
2 Eigelb
Salz
1 Pkg. Vanillezucker
2 EL Rum
75 g Rosinen
abgeriebene Schale von 1 Zitrone

Zum Bestreichen und Bestreuen

1 Eigelb
30 g Hagelzucker
50 g Mandelstifte

ZUBEREITUNG

1. Germ (Hefe) zerbröseln und mit 1 TL Zucker, 125 ml Milch und 5 EL Mehl ein Dampfl anrühren. An einem warmen Ort abgedeckt etwas stehen lassen, bis es Blasen wirft.

2. Restliches Mehl, Zucker, Fett und Eier, Salz, Vanillezucker und Rum in eine Schüssel geben, Milch zufügen und mit dem Dampfl einen glatten geschmeidigen Teig abarbeiten, zuletzt Rosinen und Zitronenschale unterkneten. Den Teig 30 Minuten gehen lassen.

3. Teig nochmals durchkneten, in drei Teile teilen und ca. 40 cm lange Rollen formen. Aus den drei Strängen einen Zopf flechten und auf ein gelochtes Backblech legen. Den Zopf mit Eigelb bestreichen, mit Hagelzucker und den Mandelstiften bestreuen.

4. Vor dem Backen nochmals 30 Minuten zugedeckt gehen lassen.

Einstellung Backofen mit Klimagaren

Klimagaren – 2 Dampfstöße – manuell – 160 °C–170 °C (vorheizen)
Dampfstoß 1 beim Einschieben des Zopfes auslösen
Dampfstoß 2 nach 8 Minuten
Dauer: 30–35 Minuten

Einstellung Dampfgarer mit Backofen

Combigaren Heißluft plus
Schritt 1: 190 °C – 100 % Feuchte – 10 Minuten (vorheizen)
Schritt 2: 160 °C–170 °C – 60 % Feuchte – 30–35 Minuten

Dukatenbuchteln mit Zwetschgenfülle

20 Stück

ZUTATEN

250 ml Milch
50 g Butter, geschmolzen und abgekühlt
100 ml Obers
2 Pkg. Trockengerm (Trockenhefe)
660 g Weizenmehl
60 g Zucker
2 Eier, ganz
2 Eigelb
1 TL Vanillezucker
abgeriebene Schale von 1 Zitrone
1 Prise Salz
200 g Zwetschgenmarmelade
100 g Butter für den Bräter

ZUBEREITUNG

1. Milch, Butter und Obers mischen und leicht erwärmen. Dann alle Zutaten in einer Rührschüssel vermengen und mit der Küchenmaschine auf niedriger Stufe in 8 Minuten einen geschmeidigen Teig kneten.

2. Aus dem aufgegangenen Teig eine Rolle formen und in 20 Portionen teilen. Teiglinge jeweils auf der Handfläche etwas auseinanderdrücken und mit 1 Teelöffel Zwetschgenmarmelade füllen. In der geschmolzenen Butter etwas drehen und mit der Naht nach unten in den Bräter setzen.

3. Vor dem Backen die geformten Buchteln noch einmal 20 Minuten zugedeckt gehen lassen.

Einstellung Backofen mit Klimagaren
Klimagaren – 3 Dampfstöße – manuell – 170 °C (vorheizen)
Dampfstoß 1 beim Einschieben der Buchteln auslösen
Dampfstoß 2 nach 8 Minuten
Dampfstoß 3 nach weiteren 8 Minuten
Dauer: 35 Minuten

Einstellung Dampfgarer mit Backofen
Combigaren Heißluft plus
Schritt 1: 100 °C – 100 % Feuchte – 10 Minuten
Schritt 2: 165 °C – 0 % Feuchte – 35 Minuten

8 Portionen

Dampfbuchteln

ZUTATEN

500 g Mehl
1 Pkg. Trockengerm (Trockenhefe)
1 Prise Salz
60 g Zucker
1 Pkg. Vanillezucker
250 ml Milch, lauwarm
50 g Butter, weich
3 Eier
100 g Butter für die Garschale

ZUBEREITUNG

1. Alle Zutaten zusammenmischen und mit der Küchenmaschine auf kleiner Stufe in ca. 6 Minuten einen geschmeidigen Teig kneten. Danach zugedeckt ca. 30 Minuten aufgehen lassen, bis sich das Volumen sichtbar vergrößert hat, noch einmal gut durchkneten und wieder 30 Minuten gehen lassen.

2. In einer ungelochten Garschale die 100 g Butter schmelzen lassen.

3. Aus dem aufgegangenen Teig eine Rolle formen und in 8 Portionen teilen. Teiglinge jeweils auf der Handfläche etwas auseinander drücken und Buchteln formen. In der Butter drehen und in die Garschale setzen.

4. Vor dem Dämpfen noch einmal 15 Minuten gehen lassen.

Einstellung Dampfgarer mit Backofen
Dampfgaren
Temperatur: 100 °C
Dauer: 15 Minuten

Kletzenbrot

10 kleine Brote

ZUTATEN

250 g Kletzen (getrocknete Birnen)
250 g Feigen
250 g Rosinen
80 g Aranzini
125 ml Birnenbrand
1 TL Lebkuchengewürz
3 Eier
130 g Honig
30 g Pignoli
50 g Walnüsse, grob gehackt
200 g Mehl, glatt
1 Ei zum Bestreichen
Mandeln, geschält, zum Belegen

ZUBEREITUNG

1. Kletzen und Feigen klein schneiden und mit den Rosinen sowie den Aranzini in eine gelochte Garschale legen und bei 100 °C 3 Minuten dämpfen. Die gedämpften Früchte in eine Schüssel geben und mit Birnenbrand sowie dem Lebkuchengewürz vermischen und 30 Minuten ziehen lassen.

2. Eier mit Honig 5 Minuten gut schaumig aufschlagen und mit den Pignoli und den Nüssen unter die Früchte führen. Zuletzt das gesiebte Mehl mit einer Gummispachtel oder einem Kochlöffel einrühren.

3. Aus dieser sehr weichen Masse 10 gleich große Weckerln formen und die Teiglinge auf einem Backblech verteilen. Die kleinen Kletzenbrote vor dem Backen mit einem gut verquirlten Ei bestreichen und mit abgezogenen Mandelkernen verzieren.

Einstellung Backofen mit Klimagaren
Klimagaren – 1 Dampfstoß – manuell – 180 °C (vorheizen)
Dampfstoß beim Einschieben der Kletzenbrote auslösen
Dampfstoß 2 nach 8 Minuten
Dauer: 20–25 Minuten

Einstellung Dampfgarer mit Backofen
Heißluft Plus
Temperatur: 180 °C
1 Dampfstoß auslösen beim Einschub der Kletzenbrote

TIPP: Wer Lust hat, kann dazu einen Mischbrotteig herstellen (siehe S. 26), diesen dünn ausrollen und die Kletzenbrote einpacken. In diesem Fall die Backzeit um ca. 5 Minuten erhöhen.

Apfelbrot

4 Brote

Nichts für Eilige!

ZUTATEN

1,5 kg Äpfel (z. B. Boskop)
500 g Feigen
300 g Rosinen
300 g Walnüsse, gehackt
2 EL Kakaopulver
2 EL Zimt
1 TL Nelkenpulver
1 TL Salz
5 EL Ahornsirup
120 ml Rum
450 g Dinkelmehl
250 g Roggenmehl
2 Pkg. Weinsteinbackpulver

ZUBEREITUNG

1. Die Äpfel je nach Geschmack mit oder ohne Schale grob raffeln. Feigen in kleine Würfel schneiden und mit den restlichen Zutaten, außer Mehl und Backpulver, in einer Schüssel gut miteinander vermischen und ca. 8 Stunden (über Nacht) ziehen lassen.

2. Danach das Mehl mit dem Backpulver versieben und gut mit der Apfelmasse vermengen.

3. Zum Backen aus der Masse 4 Wecken formen und auf ein bemehltes Backblech geben.

Einstellung Dampfgarer mit Backofen
Klimagaren – 2 Dampfstöße – manuell – 180 °C (vorheizen)
Dampfstoß 1: 5 Minuten nach Einschieben der Apfelbrote auslösen
Dampfstoß 2: Nach 15 Minuten
Dauer: 40–50 Minuten

Einstellung Dampfgarer mit Backofen
Combigaren Heißluft plus
Schritt 1: 180 °C – 100 % Feuchte – 10 Minuten (vorheizen)
Schritt 2: 180 °C – 20 % Feuchte – 40–50 Minuten

12 Stück

Süße

Mohn- und Sesamkipferln

ZUTATEN

325 g Weizenmehl, Type 480 universal
1 Pkg. Backpulver
150 g Magertopfen (Magerquark)
100 ml Milch
100 ml Sonnenblumenöl
80 g Zucker
6 g Salz
1 Eiweiß

Zum Bestreichen und Bestreuen

1 Eigelb
1 EL Milch
2 EL Mohn
2 EL Sesam

ZUBEREITUNG

1. Mehl mit Backpulver mischen, Topfen, Milch, Öl, Zucker, Salz und ungeschlagenes Eiweiß mit der Küchenmaschine auf kleiner Stufe in ca. 6 Minuten zu einem geschmeidigen Teig kneten. Dann auf der bemehlten Arbeitsfläche zu einer Rolle formen.

2. Die Teigrolle in 12 Stücke schneiden, die Teigstücke zu Rollen und anschließend zu Kipferln formen.

3. Eigelb mit Milch verquirlen und die Oberfläche der Kipferln damit bestreichen. Vor dem Backen mit Mohn oder Sesam bestreuen.

Einstellung Backofen mit Klimagaren
Klimagaren – 1 Dampfstoß – manuell – 180 °C (vorheizen)
Dampfstoß 1 beim Einschieben der Kipferl auslösen
Dauer: 17–20 Minuten

Einstellung Dampfgarer mit Backofen
Combigaren Heißluft plus
Schritt 1: 180 °C – 50 % Feuchte – 10 Minuten (vorheizen)
Schritt 2: 180 °C – 30 % Feuchte – 17–20 Minuten

2
Wecken

Kürbiskernbrioche

ZUTATEN

600 g Mehl, glatt
1 Pkg. Trockengerm (Trockenhefe)
1 TL Zucker
1 TL Salz
225 ml Milch, lauwarm
2 Eier
125 g Butter, weich
1 EL Kürbiskernöl
2 EL Kürbiskerne, grob gehackt
1 Ei zum Bestreichen

ZUBEREITUNG

1. Alle Zutaten, außer den Kürbiskernen, in einer Rührschüssel mischen und mit der Küchenmaschine einen nicht zu trockenen Teig kneten. Den Teig bei Zimmertemperatur 1 Stunde gehen lassen.

2. Den Teig nochmals durchkneten und die gehackten Kürbiskerne einarbeiten. Zwei Wecken formen und diese auf einem Lochblech wieder 20 Minuten gehen lassen.

3. Vor dem Backen die Briochewecken mit verquirltem Ei bestreichen.

Einstellung Dampfgarer mit Backofen
Klimagaren – 1 Dampfstoß – manuell – 170 °C (vorheizen)
Dampfstoß beim Einschieben der Brioche auslösen
Dauer: 30–35 Minuten Minuten

Einstellung Dampfgarer mit Backofen
Heißluft Plus
Temperatur: 200 °C (vorheizen) 170 °C
1 Dampfstoß auslösen beim Einschub der Brioche
Dauer: 25–30 Minuten 30–35 Minuten

Briochebrötchen

10–12 Stück

ZUTATEN

600 g Weizenmehl
2 Pkg. Trockengerm (Trockenhefe)
200 ml Milch
3 Eigelb
2 Eier
1 TL Salz
50 g Zucker
120 g Butter, weich
1 Ei zum Bestreichen

ZUBEREITUNG

1. Alle Zutaten zu einem geschmeidigen Teig verarbeiten. In der Küchenmaschine zuerst 2 Minuten auf niedriger Stufe kneten, danach 5 Minuten etwas schneller. Zugedeckt bei Zimmertemperatur 1 Stunde gehen lassen.

2. Den Teig auf einer bemehlten Arbeitsfläche durchkneten und zu einer Rolle formen. Nun den Teig in 10–12 gleich große Stücke teilen. Die Teigstücke rundschleifen (siehe S. 58).

3. Vor dem Backen noch einmal 15 Minuten ruhen lassen und mit Ei bestreichen.

Einstellung Backofen mit Klimagaren
Klimagaren – 1 Dampfstoß – manuell – 170 °C (vorheizen)
Dampfstoß beim Einschieben der Brioche auslösen
Dauer: 20–25 Minuten

Einstellung Dampfgarer mit Backofen
Heißluft Plus
Temperatur: 170 °C (vorheizen)
1 Dampfstoß auslösen beim Einschub der Brioche
Dauer: 20–25 Minuten

12 Portionen

Gubana

ZUTATEN

Für den Teig
200 ml Milch
120 g Butter
50 g Staubzucker
7 g Trockengerm (Trockenhefe)
4 Eigelb
5 g Salz
420 g Mehl, glatt
1–2 Pkg. Vanillezucker
Butter zum Befetten des Universalbräters
Mehl für die Arbeitsfläche

Für die Füllung
100 g Rosinen
etwas Grappa zum Einweichen der Rosinen
200 g Walnüsse, gehackt
100 g Pignoli
50 g Zucker
50 g Biskuit- oder Keksbrösel
50 g Schokolade, gerieben
80 g flüssige Butter zum Bestreichen

ZUBEREITUNG

1. Für die Füllung Rosinen in Grappa einweichen. Universalbräter mit Butter gut einfetten.

2. Für den Teig Milch leicht erwärmen und die Butter darin schmelzen. Alle Zutaten mit der Küchenmaschine in ca. 8 Minuten zu einem geschmeidigen Teig kneten. Danach den Teig ca. 1 Stunde bei Zimmertemperatur gehen lassen.

3. Den aufgegangenen Teig noch einmal durchkneten und auf einer bemehlten Arbeitsfläche zu einem Viereck ausrollen. Nüsse, Pignoli, Zucker, Rosinen, Keksbrösel und geriebene Schokolade darauf verteilen.

4. Den Teig einrollen und im Bräter zu einer Schnecke formen. Mit einem Geschirrtuch zudecken und an einem warmen Ort ca. 20 Minuten gehen lassen, bis sich die Größe der Gubana fast verdoppelt hat.

5. Vor dem Backen mit zerlassener Butter bestreichen.

Einstellung Backofen mit Klimagaren
Klimagaren – 2 Dampfstöße – manuell – 160 °C (vorheizen)
Dampfstoß 1 beim Einschieben der Gubana auslösen
Dampfstoß 2 nach 10 Minuten
Dauer: 45–50 Minuten

Einstellung Dampfgarer mit Backofen
Combigaren Heißluft plus
Schritt 1: 160 °C – 50 % Feuchte – 10 Minuten (vorheizen)
Schritt 2: 160 °C – 40 % Feuchte – 45–50 Minuten

2 Stück

Christstollen

ZUTATEN

Für den Teig

7 g Trockengerm (Trockenhefe)
250 ml Milch, lauwarm
50 g Staubzucker
50 g Glucosesirup
1 Msp. Kardamom
2 Eigelb
1 TL Vanillezucker
20 ml Rum
abgeriebene Schale von 1 Zitrone
660 g Mehl
300 g Butterschmalz, weich
5 g Salz

Für die Früchtemischung

300 g Rosinen
40 ml Rum
100 g Marzipan, gerieben
150 g Aranzini, kleinwürfelig
150 g Zitronat, kleinwürfelig
40 g Mandeln, geschält und gehackt
flüssige Butter zum Bestreichen
Staubzucker zum Bestreuen

TIPP: Die Stollen schmecken am besten, wenn sie gut verpackt einige Tage oder Wochen ruhen dürfen. Es ist zwar sehr schwierig die duftenden Wecken nicht gleich anzuschneiden, aber ein wenig Geduld zahlt sich wirklich aus.

ZUBEREITUNG

1. Für die Früchtemischung die Rosinen in eine gelochte Garschale legen und für 3 Minuten bei 100 °C im Dampfgarer garen. Die noch warmen Rosinen in den Rum legen und 10 Minuten ziehen lassen. Danach die restlichen Zutaten untermischen.

2. Die Zutaten für den Teig vermischen und in der Küchenmaschine in 5–8 Minuten einen kompakten Teig kneten. Am Ende der Knetzeit die Früchtemischung zufügen, mit dem Teig vermengen und an einem warmen Ort 30–60 Minuten gehen lassen.

3. Den aufgegangenen Teig teilen und kräftig durchkneten. Etwas ausrollen und die typische Stollenform herstellen (der Oberteil sollte etwas schmäler und kürzer geformt sein).

4. Die Stollen auf ein Backblech setzen und vor dem Backen ca. 30 Minuten zugedeckt bei Zimmertemperatur gehen lassen.

5. Die Stollen aus dem Backofen nehmen, mit reichlich flüssiger Butter bestreichen und mit viel Staubzucker bestreuen.

Einstellung Backofen mit Klimagaren
Klimagaren – 2 Dampfstöße – manuell – 160 °C (vorheizen)
Dampfstoß 1 beim Einschieben der Christstollen auslösen
Dampfstoß 2 nach 20 Minuten
Dauer: 50–60 Minuten

Einstellung Dampfgarer mit Backofen
Combigaren Heißluft plus
Schritt 1: 160 °C – 100 % Feuchte – 10 Minuten (zum Vorheizen)
Schritt 2: 160 °C – 50 % Feuchte – 40 Minuten
Schritt 3: 160 °C – 0 % Feuchte – 10–20 Minuten

Weinlaibchen

30 Stück

ZUTATEN

1 kg Mehl, glatt
1 Würfel Germ (Hefe), frisch
1 EL Milch
120 g Zucker
120 g Butter, zerlassen
1 Pk. Vanillezucker
40 ml Rum
500 ml Weißwein
2 Eier
10 g Salz

Zum Bestreichen und Bestreuen

1 Ei
150 g Zucker
10 g Zimtpulver

ZUBEREITUNG

1. Das Mehl in die Rührschüssel der Küchenmaschine geben und in die Mitte eine Mulde drücken. Germ hineinbröseln, mit der Milch, 1 TL Zucker (von den 120 g) und etwas Mehl zu einem Dampfl verrühren. Mit einem Geschirrtuch abdecken und 15 Minuten gehen lassen.

2. Alle Zutaten dazu mischen und bei geringer Stufe zu kneten beginnen. Wenn alles gut vermengt ist, auf eine höhere Stufe schalten und einen geschmeidigen Germteig zubereiten. Zugedeckt an einem warmen Ort ca. 1 Stunde gehen lassen, bis sich der Teig fast verdoppelt hat. Teig in 30 gleich große Stücke teilen, rundschleifen (siehe S. 58) und noch einmal abgedeckt 15 Minuten gehen lassen.

3. Zimt mit dem Zucker vermischen. Nun die Kugeln zu 10 cm großen Fladen ausrollen, mit dem verquirlten Ei bestreichen und mit der bestrichenen Seite in die Zimt-Zucker-Mischung tauchen. Herausnehmen, auf zwei Backbleche legen und vor dem Backen nochmals ungefähr 15 Minuten aufgehen lassen.

Einstellung Backofen mit Klimagaren
Klimagaren – 1 Dampfstoß – manuell – 180 °C (vorheizen)
Dampfstoß 1 beim Einschieben der Laibchen auslösen
Dauer: 17–20 Minuten

Einstellung Dampfgarer mit Backofen
Combigaren Heißluft plus
Schritt 1: 180 °C – 50 % Feuchte – 10 Minuten (vorheizen)
Schritt 2: 180 °C – 30 % Feuchte – 17–20 Minuten

Mohnstrudel

ZUTATEN

Für den Teig
250 ml Mich
40 g Germ (Hefe), frisch
3 EL Zucker
500 g Mehl
4 EL Butter, zerlassen
2 ganze Eier
5 g Salz
Schale von 1 Zitrone und 1 Orange
1 Pkg. Vanillezucker
1 verquirltes Ei zum Bestreichen

Für die Mohnfülle
250 ml Milch
1 Pkg. Vanillezucker
100 g Zucker
300 g Mohn, gemahlen
100 g Rosinen, in Rum eingeweicht

ZUBEREITUNG

1. Für den Teig etwas Milch erwärmen, Germ (Hefe) darin mit einer Prise Zucker auflösen, mit wenig Mehl bestreuen und in 15 Minuten zu einem Dampfl gehen lassen. Das Dampfl mit den restlichen Zutaten in der Küchenmaschine 8 Minuten kneten, bis ein geschmeidiger Teig entsteht. Teig bei Zimmertemperatur 1 Stunde gehen lassen.

2. Inzwischen für die Mohnfülle die Milch bei kleiner Hitze langsam aufkochen lassen. Vanillezucker, Zucker sowie Mohn einrühren, durchrühren und die Masse kurz quellen lassen, dabei wiederholt umrühren. Vom Herd nehmen und die eingeweichten Rosinen untermengen. Zu einer geschmeidigen Masse verrühren und dafür bei Bedarf noch etwas Milch zugeben. Abkühlen lassen.

3. Den Teig zu einem Rechteck ausrollen, die Fülle aufstreichen und den Teig einrollen. Enden gut verschließen.

4. In einen gut gefetteten Bräter (oder auf ein Backblech) setzen und nochmals aufgehen lassen. Vor dem Backen mit verquirltem Ei bestreichen.

Einstellung Backofen mit Klimagaren
Klimagaren – 3 Dampfstöße – manuell – 160–170 °C (vorheizen)
Dampfstoß 1 beim Einschieben des Mohnstrudels auslösen
Dampfstoß 2 nach 10 Minuten
Dampfstoß 3 nach weiteren 10 Minuten
Dauer: 45–50 Minuten

Einstellung Dampfgarer mit Backofen
Combigaren Heißluft plus
Schritt 1: 180 °C – 100 % Feuchte –10 Minuten (zum Vorheizen)
Schritt 2: 160 °C–170 °C – 70 % Feuchte – 30 Minuten
Schritt 3: 160 °C–170 °C – 30 % Feuchte – 15–20 Minuten

Backen mit Kindern

15–18 Stück

Minigebäck

ZUTATEN

380 g Weizenmehl, Type 700
1 Pkg. Trockengerm (Trockenhefe)
200 ml Milch, lauwarm
7 g Salz
7 g Malz
40 g Butter, weich (Zimmertemperatur)

Zum Bestreuen

Kümmel, grobes Salz, Sesam und Mohn

ZUBEREITUNG

1. Alle Zutaten in die Rührschüssel der Küchenmaschine geben und 8 Minuten auf geringer Stufe kneten.
2. Den Teig mit den Händen zu einer Kugel formen, zurück in die Schüssel legen und mit einem Geschirrtuch abdecken. 1 Stunde bei Zimmertemperatur gehen lassen.
3. Etwas Mehl auf die Arbeitsfläche streuen und den Teig mit wenig Druck kurz durchkneten. Diese Zubereitungsstufe wird von Kindern mit Freude erledigt! Dazu den Teig je nach Kinderanzahl teilen, damit jedes Kind etwas zum Kneten hat.
4. Nach dem Kneten verschiedene Formen herstellen und mit beliebigen Körnern oder Salz bestreuen.
5. Teiglinge auf ein Lochblech legen und mit Wasser besprühen. Vor dem Backen abgedeckt weitere 20 Minuten gehen lassen.

Einstellung Backofen mit Klimagaren

Temperatur: 210 °C – 2 Dampfstöße manuell (vorheizen)
Dampfstoß 1 bei Einschub des Gebäcks
Dampfstoß 2 nach 8 Minuten
Dauer: 15–20 Minuten

Einstellung Dampfgarer mit Backofen

Combigaren Heißluft Plus
Schritt 1: 210 °C – 100 % Feuchte – 10 Minuten (vorheizen)
Schritt 2: 210 °C – 100 % Feuchte – 15–20 Minuten

TIPP: Dieser Weißbrotteig entspricht den Zutaten für das Kastenweißbrot (siehe S. 16), der sich sehr gut zum Kneten von kleinen Gebäckstücken eignet wie kleinen Weckerln, Salzstangerln und was sonst noch zu formen Spaß macht.

Kamutgebäck

ca. 15 Stück

ZUTATEN

500 g Kamutvollmehl, fein gemahlen
25 g Germ (Hefe), frisch
25 g Honig
330 ml Wasser
20 g Butter
7 g Salz
100 g Rosinen
Nach Belieben gesüßte Kürbiskerne (Zimt, Ingwer …)

ZUBEREITUNG

1. Das Kamutmehl in eine Rührschüssel geben, in der Mitte eine Mulde drücken und die frische Germ (Hefe) hineinbröckeln. Mit einem Löffel Honig, einigen Esslöffeln Wasser und von der Seite ein wenig Mehl zu einem Vorteig verrühren. Mit einem Geschirrtuch abdecken und warten, bis dieser aufgeht und Blasen bildet. Das dauert ca. 15 Minuten.

2. Jetzt bis auf die Rosinen alle anderen Zutaten vermischen und mit der Küchenmaschine in 5–8 Minuten einen homogenen Teig kneten. Der Teig erscheint zu Beginn etwas weich, Vollkornteige bekommen erst in der Ruhezeit eine festere Konsistenz, weil das Vollmehl die Feuchtigkeit langsamer aufnimmt.

3. In der letzten Minute die Rosinen mit verkneten. Dann den Teig für 1 Stunde abgedeckt ruhen lassen.

4. Teig auf einer bemehlten Arbeitsfläche noch einmal durchkneten, damit die Luft entweicht. Mit der Teigkarte kleine Teiglinge zu je 60 g abstechen. Nun sollte jedes Kind Kugeln formen, die dann auf ein gelochtes Blech gesetzt werden. Vor dem Backen die kleinen Kugeln mit gesüßten Kürbiskernen bestreuen.

Einstellung Backofen mit Klimagaren
Temperatur: 210 °C – 2 Dampfstöße manuell (vorheizen)
Dampfstoß 1 bei Einschub der Kamutbrötchen
Dampfstoß 2 nach 8 Minuten
Nach 10 Minuten die Temperatur auf 190 °C reduzieren
Dauer: 15–20 Minuten

Einstellung Dampfgarer mit Backofen
Combigaren Heißluft Plus
Schritt 1: 210 °C – 100 % Feuchte – 10 Minuten (vorheizen)
Schritt 2: 190 °C – 70 % Feuchte – 15–20 Minuten

Großmutters Milchbrotknöpfe

12–15 Stück

ZUTATEN

500 g Weizenmehl, glatt
30 g Germ (Hefe), frisch
250 ml Milch, lauwarm
1 TL Salz
150 g Zucker
abgeriebene Schale von 1 Zitrone
100 g Butter, flüssig
100 g Rosinen
1 Eigelb zum Bestreichen

ZUBEREITUNG

1. Mehl in eine Rührschüssel geben. In die Mitte eine Mulde drücken und die Germ (Hefe) hineinbröseln. 3 Esslöffel warme Milch über die Germ (Hefe) geben und zu einem glatten Brei rühren. Mit etwas Mehl von der Seite bedecken und für 15 Minuten abgedeckt ruhen lassen.

2. Die übrigen Zutaten dazu mischen und mit der Küchenmaschine auf niedriger Stufe in ca. 8 Minuten zu einem geschmeidigen Teig kneten. An einem warmen Platz ca. 1 Stunde gehen lassen.

3. Den Teig auf eine bemehlte Arbeitsfläche geben – und nun geht's los! Die Kinder kleine Bällchen formen und auf ein Backblech legen lassen. Nun sind noch die Malermeister gefragt. Die Bällchen mit Eigelb bestreichen und vor dem Backen mit Mandelblättchen und Hagelzucker bestreuen lassen.

Einstellung Backofen mit Klimagaren
Temperatur: 170 °C – 1 Dampfstöße manuell (vorheizen)
Dampfstoß 1 bei Einschub der Knöpfe
Dauer: 13–16 Minuten

Einstellung Dampfgarer mit Backofen
Combigaren Heißluft Plus
Schritt 1: 170 °C – 100 % Feuchte – 10 Minuten (vorheizen)
Schritt 2: 170 °C – 20 % Feuchte – 13–16 Minuten

ca. 10 Stück

Raupe Nimmersatt

ZUTATEN

300 g Waldstaudenvollmehl
100 g Weizenmehl
280 g Wasser
7 g Trockengerm (Trockenhefe)
1–2 TL Salz
100 g Walnüsse, gehackt

ZUBEREITUNG

1. Alle Zutaten in der Küchenmaschine auf kleiner Stufe in ca. 8 Minuten zu einem geschmeidigen Teig kneten.

2. Den Teig 30 Minuten gehen lassen. Danach noch einmal durchkneten. Lassen Sie nun die Kinder mithilfe einer Teigspachtel kleine Portionen abstechen, zunächst Röllchen von 1 cm Durchmesser und 10–15 cm Länge herstellen und daraus kleine Schlangen oder Raupen formen.

3. Zum Backen die Teiglinge auf ein gelochtes Backblech setzen.

Einstellung Backofen mit Klimagaren
Temperatur: 210 °C – 2 Dampfstöße manuell (vorheizen)
Dampfstoß 1 bei Einschub der Grissini (Raupen)
Dampfstoß 2 nach 8 Minuten
Dauer: 15 Minuten

Einstellung Dampfgarer mit Backofen
Combigaren Heißluft Plus
Schritt 1: 210 °C – 100 % Feuchte – 10 Minuten (vorheizen)
Schritt 2: 210 °C – 100 % Feuchte – 15 Minuten

Brottaler

12 Portionen

Ideal fürs Picknick

ZUTATEN

Für den Teig
500 g Pizzamehl
325 g Wasser
20 g Salz
7 g Germ (Hefe), frisch

Für den Belag
250 g Kirschtomaten, gelb und rot gemischt
1 Prise Salz
1 Prise Zucker
175 g Frischkäse
Knoblauchzehen nach Geschmack
100 g Bergkäse
2 Frühlingszwiebeln (Jungzwiebeln)
Olivenöl
einige Zweige Basilikum

ZUBEREITUNG

1. 300 g Mehl mit Wasser, Salz und der Germ (Hefe) zu einem ziemlich flüssigen Brei verrühren und 20 Minuten zugedeckt gehen lassen.

2. Den Vorteig in die Rührschüssel der Küchenmaschine geben und ca. 3 Minuten auf niedriger Stufe kneten. Nach und nach in 3 Minuten das restliche Mehl unterkneten.

3. Den Teig auf eine bemehlte Arbeitsfläche geben, mit den Händen durchkneten und in zwei Teile teilen. In zwei verschließbare Behälter geben und im Kühlschrank 24 bis 36 Stunden ruhen lassen.

4. Den gereiften Teig nun in 12 Portionen teilen, runde Bällchen formen und auf ein Backblech legen. Wieder 30 Minuten ruhen lassen.

5. Inzwischen Kirschtomaten in Scheiben schneiden und auf einen Teller legen. Mit etwas Salz und Zucker bestreuen. Knoblauch zerdrücken und unter den leicht gesalzenen Frischkäse mischen. Bergkäse raspeln und die Frühlingszwiebeln in Ringe schneiden.

6. Die Teigbällchen zu Mini-Pizzen (Talern) formen und auf ein Backblech legen. Mit dem Frischkäse bestreichen, mit Tomaten und Frühlingszwiebeln belegen und mit Käse bestreuen. Etwas Olivenöl darüber träufeln und die Taler vor dem Backen noch einmal 10 Minuten gehen lassen.

7. Nach der Backzeit mit Basilikumblättchen garnieren.

Einstellung Backofen mit Klimagaren
Temperatur: 250 °C – 1 Dampfstoß manuell (vorheizen)
Dampfstoß 1 bei Einschub der Taler
Bei Einschub der Taler die Temperatur auf 220 °C reduzieren
Dauer: 10–12 Minuten

Einstellung Dampfgarer mit Backofen
Combigaren Heißluft Plus
Schritt 1: 220 °C – 100 % Feuchte – 10 Minuten (vorheizen)
Schritt 2: 220 °C – 30 % Feuchte – 10–12 Minuten

TIPP: Der Belag dieser Taler kann natürlich nach Lust und Laune variiert werden und vor allem danach, was den Kindern schmeckt.

10–12 Stück

Luciabrot

ZUTATEN

350 g Mehl
25 g Germ (Hefe), frisch
40 g Zucker
125 ml Milch, lauwarm
einige Fäden Safran
1 Prise Salz
1 Ei
50 g Butter, weich
etwas Mehl zum Arbeiten
Rosinen zum Verzieren

Einstellung Backofen mit Klimagaren
Temperatur: 210 °C – 1 Dampfstoß manuell (vorheizen)
Dampfstoß 1 bei Einschub der Luciabrote
Dauer: 15 Minuten

Einstellung Dampfgarer mit Backofen
Combigaren Heißluft Plus
Schritt 1: 210 °C – 100 % Feuchte – 10 Minuten (vorheizen)
Schritt 2: 210 °C – 100 % Feuchte – 15 Minuten

ZUBEREITUNG

1. Mehl in eine Schüssel geben und in die Mitte eine Mulde drücken. Germ (Hefe) hineinbröseln und mit einem Teelöffel Zucker und drei Esslöffeln Milch zu einem Brei verrühren. Mit etwas Mehl vom Rand bestäuben und abgedeckt 15 Minuten gehen lassen.

2. Safran in einem Schälchen in 4 Esslöffeln Milch auflösen.

3. Nun alle Zutaten vermischen und in der Küchenmaschine 2 Minuten zuerst auf niedriger Stufe, dann 6 Minuten etwas schneller zu einem geschmeidigen Teig verkneten. Zudecken und 30 Minuten gehen lassen.

4. Auf einer bemehlten Arbeitsfläche aus dem Teig daumendicke, etwa 15 cm lange Rollen formen und zu Schnecken, Brezeln und Spiralen drehen.

5. Vor dem Backen mit Eigelb bestreichen, mit Rosinen verzieren, auf ein Backblech legen und noch einmal 15 Minuten gehen lassen.

TIPP: Dieser Teig eignet sich auch gut zum Gestalten von Osterhasen.

Kapitel VI

Raffiniertes aus Brotresten

Süßes

8 Portionen

Marillenscheiterhaufen

ZUTATEN

500 ml Marillensaft (Aprikosensaft)
60 ml Marillenlikör (Aprikosenlikör)
1 TL Vanillepuddingpulver
500 g Marillen (Aprikosen)
400 g Brioche vom Vortag
100 ml Milch, warm
4 EL Mandelsplitter, geröstet
Butter für die Form

Für den Eierguss
3 Eigelb
250 ml Milch, warm
2 EL Zucker
2 cl Marillenlikör (Aprikosenlikör)

Für die Schneehaube
3 Eiweiß
80 g Zucker

Einstellung Backofen mit Klimagaren
Heißluft Plus
Temperatur: 180 °C
Dauer: 35 Minuten

Einstellung Dampfgarer mit Backofen
Oberhitze
Temperatur: 200 °C
Dauer: 7 Minuten

ZUBEREITUNG

1. Marillensaft mit Likör kurz aufkochen lassen und mit Puddingpulver binden. Marillen entsteinen, vierteln, zur Marillensaftmischung geben und etwas ziehen lassen.

2. Für den Überguss Eigelb, Milch, Zucker und Marillenlikör mischen.

3. Brioche in ca. 1 cm dicke Scheiben schneiden, in die Form legen, mit der warmen Milch leicht benetzen und mit der Hälfte des Eiergusses übergießen.

4. Die Marillen aus dem Saft nehmen, etwas abtropfen lassen und die Briocheschnitten damit abdecken. Vor dem Backen den restlichen Eierguss darüber gießen. Nach 35 Minuten Backzeit mit gerösteten Mandelsplittern bestreuen.

5. Für die Schneehaube aus den Eiweiß mit dem Kristallzucker einen festen Schnee schlagen und mit dem Dressiersack auf den Scheiterhaufen auftragen. Bei Oberhitze bräunen.

6. Das übriggebliebene Marillensaft-Likör-Gemisch als Sauce dazu reichen.

6 Portionen

Serviettenknödel
aus Milchbrot

ZUTATEN

300 g Milchbrot oder Brioche vom Vortag
300 ml Milch
100 g Butter
30 g Zucker
1 Pkg. Vanillezucker
3 Eier
abgeriebene Schale von 1 Zitrone

ZUBEREITUNG

1. Das Milchbrot in Würfel schneiden. Die Milch erhitzen, die Butter darin schmelzen und den Zucker und Vanillezucker einrühren. Diese Milchmischung über die Milchbrotwürfel geben und 30 Minuten ziehen lassen.

2. Die Eier und die Zitronenschale gut untermischen und den Knödelteig in 2 Teile teilen. Dann wie einen Serviettenknödel in Klarsichtfolien wickeln und zum Dampfgaren auf eine gelochte Garschale legen.

3. Nach dem Garen den Serviettenknödel aus der Klarsichtfolie wickeln, in Scheiben schneiden und mit Apfelmus oder Zwetschgenröster servieren.

TIPP: Auch hier zahlt es sich aus, die doppelte Menge herzustellen, weil sich der süße Serviettenknödel gut einfrieren lässt. Nach dem Auftauen den Knödel in Scheiben schneiden und die Scheiben in etwas Butter rösten. Dazu auch wieder Kompott und Sauerrahm oder Joghurtdip servieren. Dafür 150 ml Sauerrahm mit etwas Milch und 1 EL Honig oder Löwenzahnhonig vermischen.

Einstellung Dampfgarer
Temperatur: 100° C, Dauer: 20 Minuten

Kirschmichl

8
Portionen

ZUTATEN

8 alte Semmeln
500 ml Milch, heiß
50 g Butter
75 g Zucker
4 Eigelb
etwas Zimt
4 Eiweiß
500 g Kirschen, entkernt
Butter zum Einfetten einer Auflaufform
Butterflocken zum Backen

ZUBEREITUNG

1. Semmeln in Scheiben schneiden, die Scheiben in eine Schüssel geben, mit der heißen Milch übergießen und ziehen lassen.

2. Butter mit Zucker schaumig schlagen, Eigelbe dazuschlagen, Zimt nach Geschmack dazu geben und diese Masse unter die Semmelmasse mischen.

3. Eiweiß zu steifem Schnee schlagen und darunter heben. Zuletzt die entsteinten Kirschen unterziehen.

4. Eine Auflaufform gut einfetten und den Kirschmichel einfüllen. Vor dem Backen einige Butterflocken darauf geben.

Einstellung Backofen – Dampfgarer mit Backofen
Heißluft plus
Temperatur: 180 °C
Dauer: 35–40 Minuten

4 Portionen

Arme Ritter

ZUTATEN

2 Eier
150 ml Milch
6 EL Zucker
1 EL Zimt
8 Scheiben altes Weißbrot oder Milchbrot (kann schon hart sein)
Butter zum Braten

ZUBEREITUNG

1. In einem Suppenteller die Eier mit der Milch verquirlen. In einem weiteren Suppenteller Zucker und Zimt vermischen.

2. Die Brotscheiben in das Ei-Milch-Gemisch legen. In einer Pfanne etwas Butter zerlassen und die Brotscheiben portionsweise von beiden Seiten goldgelb anbraten.

3. Nach dem Braten noch heiß schnell in der Zimt-Zucker-Mischung wenden.

TIPP: Dazu passt Apfel- oder Birnenkompott.

6 Portionen

Brotauflauf mit Äpfeln

ZUTATEN

2 EL Zucker
2 EL Wasser
300 ml Milch
300 g Briochebrot
4 Eier
1 Pkg. Vanillezucker
3 Äpfel
3 EL Zucker
Staubzucker zum Bestreuen

ZUBEREITUNG

1. Zucker in einem beschichteten Topf karamellisieren lassen. Mit Wasser ablöschen und rühren, bis sich der Karamell gelöst hat. Nach und nach 100 ml Milch unterrühren. Wenn alles gut gelöst ist, vom Kochfeld nehmen und mit der restlichen Milch aufgießen.

2. Das Briochebrot in Würfel schneiden und in eine Schüssel geben. Die Eier mit der Karamellmilch verquirlen und über die Brotwürfel geben. Die Mischung ca. 15 Minuten ziehen lassen.

3. Inzwischen die Äpfel schälen, entkernen und in ganz feine Blätter schneiden oder hacheln. Mit dem Zucker vermischen und 10 Minuten ruhen lassen.

4. Die Apfelspalten unter die Briochewürfel mischen und zum Backen in eine Auflaufform geben. Mit Staubzucker bestreut servieren.

Einstellung Backofen – Dampfgarer mit Backofen
Heißluft plus
Temperatur: 170 °C
Dauer: 40 Minuten

12 Stück

Brottorte

ZUTATEN

150 g Schwarzbrotbrösel
2 EL Rum
250 g Zucker
5 Eigelb
1 EL Schlagobers (Schlagsahne)
1 Pkg. Vanillezucker
5 Eiweiß
150 g geriebene Haselnüsse
1 EL Mehl
1 TL Backpulver

ZUBEREITUNG

1. Schwarzbrotbrösel mit Rum befeuchten.

2. Zucker und Eigelb schaumig rühren. Schlagobers und Vanillezucker unterrühren, Schwarzbrotbrösel darunter mischen.

3. Eiweiß steif schlagen und mit den Nüssen, dem Mehl und dem Backpulver unterheben.

4. Zum Backen Masse in eine befettete, bemehlte Tortenform (24 cm Durchmesser) füllen.

5. Nach dem Backen auf einem Kuchengitter abkühlen lassen und mit Staubzucker bestreuen.

TIPP: Zur Brottorte schmeckt ein Tupf Schlagobers mit etwas Zimt parfümiert besonders gut. Dazu ein Glas Glühwein.

Einstellung Backofen – Dampfgarer mit Backofen
Heißluft plus
Temperatur: 160 °C
Dauer: 50 Minuten

4 Portionen

Zwetschgenpofesen

ZUTATEN

8 Scheiben altes Weißbrot oder Toastbrot
Powidl zum Bestreichen der Brote
150 ml Milch
3–4 Eier
1 EL Zucker
1 Prise Salz
Butterschmalz zum Ausbacken
1 Prise Salz
2 EL Zucker
1–2 TL Zimt

ZUBEREITUNG

1. Jeweils 1 Brotscheibe dick mit Powidl bestreichen, eine zweite Scheibe wie für ein Sandwich daraufsetzen.

2. Die Milch mit den Eiern, einem EL Zucker und einer Prise Salz verquirlen und die Weißbrotscheiben darin eintauchen.

3. In einer Pfanne reichlich Butterschmalz erhitzen und die Pofesen herausbacken.

4. Zucker und Zimt mischen und die noch heißen Pofesen darin wälzen.

TIPP: Noch warm serviert schmecken sie am besten! Dazu serviert man traditionell eine Tasse »Häferlkaffee«.

Pikantes

4 Portionen

Semmelkren

ZUTATEN

4 Semmeln, altbacken
ca. 400 ml Rindsuppe
2 Eigelb
125 ml Sauerrahm
Salz
Pfeffer
3 EL Kren, frisch gerissen

ZUBEREITUNG

1. Die Semmeln in Würfel schneiden, in einen ungelochten Garbehälter geben und so viel Rindsuppe zugießen, bis sich ein dicker Semmelbrei rühren lässt. Im Dampfgarer bei 100 °C 10 Minuten garen.

2. Eigelb, Sauerrahm, Salz und Pfeffer gut verrühren und unter den heißen Semmelbrei rühren. Nun noch den gerissenen Kren untermengen und zu gekochtem Rindfleisch servieren.

Schotsuppn

ZUTATEN

ca. 250 g Schwarzbrot, alt
Salz nach Bedarf
1 TL Kümmel (nach Geschmack)
1 l Wasser, heiß
1 Becher Sauerrahm
3–4 EL Topfen oder Schotten (Quark)

ZUBEREITUNG

1. Das Brot in sehr dünne Scheiben schneiden und in eine große Schüssel schichten. Salz und Kümmel nach Geschmack darauf verteilen.

2. Mit heißem Wasser übergießen. Sauerrahm und Topfen (Quark) gut verrühren und in das leicht überkühlte Brot-Wasser-Gemisch einrühren.

3. Dazu werden gekochte Pellkartoffeln serviert (die jeder bei Tisch selber schält).

4 Portionen

Toskanischer Brotsalat

ZUTATEN

350 g Ciabatta, altbacken
125 ml Wasser
8 EL Rotweinessig
2 Lorbeerblätter
8 schwarze Pfefferkörner
2 Schalotten, gehackt
1 rote Paprikaschote
1 gelbe Paprikaschote
500 g Tomaten
3 Frühlingszwiebeln (Jungzwiebeln)
4 Stangen Staudensellerie
2 Knoblauchzehen
10 EL Olivenöl
Salz
Pfeffer
Petersilie
Basilikum
3 EL kleine Kapern

ZUBEREITUNG

1. Brot am Vortag in Scheiben schneiden und trocknen lassen oder im Backofen etwas anrösten.

2. Wasser mit Essig, Lorbeer, Pfefferkörnern und Schalotten aufkochen lassen.

3. Die Paprikas putzen, sehr klein würfeln, Tomaten vierteln, entkernen in grobe Stücke schneiden, Frühlingszwiebeln in dünne Ringe schneiden, Staudensellerie fädeln und ebenso in dünne Scheiben schneiden. Den geschnittenen Salat in einer großen Schüssel mischen.

4. Die Brotscheiben in Stücke zerpflücken und über den Salat verteilen. Knoblauchzehen schälen und mit etwas Öl, Salz und Pfeffer zerdrücken oder mörsern. Petersilie und Basilikum zupfen und mit dem Knoblauch unter den Salat mischen.

5. Den erkalteten Essigsud durch ein Sieb über den Salat gießen, ebenso das Olivenöl über dem Salat verteilen. Alle Zutaten gut durchmischen, nochmals mit Salz und Pfeffer abschmecken.

6. Den Salat ca. 30 Minuten durchziehen lassen und mit Kapern dekorieren.

4 Portionen

Pilzknödel

ZUTATEN

5 Semmeln, altbacken
400–500 ml Milch, heiß
Salz
Pfeffer
300 g Pilze, gemischt
1 Zwiebel
1 Bund Petersilie
1 EL Butter
4 Eier

ZUBEREITUNG

1. Die Semmeln in kleine Würfel schneiden und in eine große Schüssel geben. Die heiße Milch salzen, pfeffern, darüber gießen und ziehen lassen.

2. In der Zwischenzeit die Pilze säubern und klein schneiden, die Zwiebel schälen und fein hacken, ebenso die Petersilie. Zwiebel mit etwas Butter anrösten, Pilze dazugeben und mitrösten.

3. Die Eier mit der Pilzmischung und der Petersilie unter die Semmelmasse mengen. Kleine Knödel formen und vor dem Garen auf eine gefettete, gelochte Garschale legen.

TIPP: Dazu passt Rahm-Kohlrabi-Gemüse

Einstellung Dampfgarer – Dampfgarer mit Backofen
Temperatur: 100 °C
Dauer: 15–20 Minuten je nach Größe der Knödel

8 Portionen

Ribollita
(Toskanische Gemüsesuppe)

ZUTATEN

100 g kleine weiße Bohnen
100 g Speck
Olivenöl
2 gelbe Rüben
1 Stange Lauch, klein
2 Stück Stangensellerie
2 l Geflügelfond
1 Kohlkopf (Wirsing), klein
100 g Rollgerste
Salz
Pfeffer
1 EL Balsamico, weiß
1 Weißbrotwecken vom Vortag
2 TL Thymianblätter, frisch
2 EL Parmesan, gerieben

ZUBEREITUNG

1. Bohnen über Nacht in Wasser einweichen und am nächsten Tag 45 Minuten kochen lassen oder im Dampfgarer garen.

2. Speck in kleine Würfel schneiden und in einem Topf mit Olivenöl anbraten. Gemüse, außer Wirsing, klein schneiden und zum Speck geben. Kurz mitbraten und mit dem Geflügelfond aufgießen. 15 Minuten kochen lassen.

3. In der Zwischenzeit den Wirsingkohl in grobe Streifen schneiden und zur Suppe geben. Zusammen so lange kochen lassen, bis das Gemüse bissfest ist.

4. Inzwischen die Rollgerste im Dampfgarer garen.

5. Sobald die Bohnen weich sind, die Hälfte davon pürieren und als Bindung für die Ribollita verwenden. Restliche Bohnen und Rollgerste als Einlage für die Suppe verwenden.

6. Die fertige Suppe mit Salz, Pfeffer und Balsamico würzen.

7. Das Weißbrot in Scheiben schneiden. Pro Person zwei Stück toasten und in tiefe Teller legen. Mit Suppe übergießen, mit Olivenöl beträufeln und mit Thymianblättern sowie geriebenem Parmesan bestreuen.

Pikanter Brotauflauf

4 Portionen

ZUTATEN

200 g Brot, altbacken
400 ml Milch
4 Eier
180 g Hartkäse, würzig und gerieben
Salz
Pfeffer
1 Prise Muskatnuss, frisch gerieben
1–2 Bund Petersilie
etwas Butter für die Form

ZUBEREITUNG

1. Das Brot in grobe Würfel schneiden und in eine Schüssel geben. Die Milch erwärmen, über das Brot gießen und 15 Minuten ziehen lassen.

2. Die Eier trennen, die Eigelbe verquirlen und mit dem geriebenen Käse zur eingeweichten Brotmasse geben. Mit Salz, Pfeffer und Muskat würzen. Die Petersilie waschen, klein schneiden und dazugeben. Alles gut miteinander vermengen.

3. Das Eiweiß steif schlagen und unter die Masse ziehen. Alles in eine gefettete Auflaufform füllen und im vorgeheizten Backofen backen.

TIPP: Dazu passen sehr gut Endiviensalat und Kartoffeln.

Einstellung Backofen – Dampfgarer mit Backofen
Heißluft Plus
Temperatur: 180 °C
Dauer: 35 Minuten

Überbackenes Schwarzbrot

6 Portionen

ZUTATEN

500 g Schwarzbrot
1 Zwiebel, rot
etwas Butter zum Braten
1 Radiccio, klein
400 g Camembert
Butter für die Form
Kräuter der Provence

ZUBEREITUNG

1. Das Brot in 1 cm dicke Scheiben schneiden. Die Zwiebel in feine Streifen schneiden und in etwas Butter andünsten.

2. Die Radicciobätter waschen und gut abtropfen lassen, Camembert in dünne Scheiben schneiden.

3. Eine flache Auflaufform mit Butter einfetten und die Brotscheiben, die gedünstete Zwiebel und die Radiccioblätter hineingeben. Zum Schluss die Camembert-Scheiben darauf verteilen und vor dem Gratinieren mit Kräutern der Provence bestreuen.

Einstellung Backofen – Dampfgarer mit Backofen
Oberhitze
Temperatur: 200 °C
Dauer: 15 Minuten

15 Stück

Bruschette

ZUTATEN

1 Weißbrotwecken vom Vortag
5–6 EL Olivenöl
2 Zweige Rosmarin
2 Knoblauchzehen
grobes Salz zum Bestreuen

ZUBEREITUNG

1. Das Brot in 1 cm dicke Scheiben schneiden, mit Olivenöl beträufeln, Rosmarinnadeln sowie gehackten Knoblauch und Salz darauf geben.

2. Zum Backen auf ein gelochtes Backblech legen.

TIPP: Die Weißbrotscheiben können natürlich noch beliebig mit gewürfelten Tomaten oder gerösteten Pilzen belegt werden. Aber sie schmecken auch nur mit Olivenöl und Rosmarin sehr gut.

Einstellung Backofen mit Klimagaren
Klimagaren – 1 Dampfstoß – manuell – 190 °C (vorheizen)
Dampfstoß 1 beim Einschieben der Bruschette auslösen
Dauer: 7 Minuten

Einstellung Dampfgarer mit Backofen
Combigaren Heißluft plus
Schritt 1: 190 °C – 100 % Feuchte – 10 Minuten (zum Vorheizen)
Schritt 2: 190 °C – 70 % Feuchte – 5 Minuten

Anhang

Rezeptregister